1分で心が震える

プロの言葉100

上阪 徹

東洋経済新報社

はじめに

超一流のプロフェッショナル100人は、何を語ったか？

「こんな幸運な仕事は、もしかしたら世の中にないのではないか」

何度そう思ったことか。普通ではなかなか会えない人に会い、その人に直接、仕事の極意や人生の極意を聞くことができる。それこそ中には、1時間でとんでもない額の講演料をもらっている人もいる。そんな人に、至近距離で聞きたいことを聞き出すことができるのである。

私の仕事は、人に話を聞き、文章にまとめることだ。世間一般にはライターと呼ばれており、多くの人がこの仕事を「文章を書く仕事」だと思っている。しかし、私はそうは思っていない。文章を書くことはあくまで最終的なアウトプットに過ぎない。大事なことは取材をし、インタビューをし、文章の素材を獲得すること。

文章を書くといっても、創作するわけではないからだ。特定のテーマがあり、目的があり、そのために見たり聞いたりして、文章の素材を集めていかないといけない。もし、うまく見聞きできなければ、文章は書けない。その意味で、書くこと以上に見聞きすること、とりわけインタビューをすることが重要になる仕事だと私は考えてきた。

ありがたいことに、その相手は20年以上ですでに３０００人を軽く超えている。新しい時代を切り拓いた起業家、メガバンクの頭取や世界的メーカーの経営トップをはじめ上場会社の社長、将来ノーベル賞を受賞するかもしれない科学者、スクリーンで人々の心を魅了する俳優、オリンピックの大舞台で最高の笑顔を見せた金メダリスト、有名な大学教授や学長……。

彼ら、彼女らへのインタビューは、私も本当に心躍るものがあった。仕事を忘れて、話に聞き入ってしまったことも少なくない。

そして、彼らの心からのメッセージを伝えることができる原稿を作れたら、多くの読者の心が動く。励まし、揺さぶり、元気づけられる。ワクワクドキドキしてもらえる。こうして読者に支持されるものができれば、雑誌や本は売れていく。

こんなふうにして、私はこれまでたくさんの成功者と呼ばれる人たちにインタビューさせていただく機会を得てきた。

私自身、ありがたいことに27年にわたってフリーランスとして仕事をすることができたが、その背景にはインタビューさせていただいた方々からの数々の珠玉のメッセージがあったことは間違いない。私の人生の指針になった言葉は数多くある。

ただ、ずっと残念に思っていたことがある。それは、せっかく取材で得られた彼ら彼女らの言葉も、簡単に目に触れるところにずっとあるわけではない、ということだ。

雑誌の記事であれば、多くの場合で目に触れられるのは、その発売期間中だけである。ウェブサイトの記事も、わかりやすく目立つ場所に出てくるのは、長期間ではない。私は著者に代わって本を書くブックライターという仕事もしており、これまで１００冊以上の本を手がけているが、書店の最前線に本を置いてもらえるのも、これまたわずかな期間だ。

言ってみれば、貴重な言葉たちも、残念ながらやがては情報の渦の中に埋もれてしまうのである。時間が経てば、なかなか陽の目を見なくなってしまうのだ。

そんなとき、本書の企画をいただいた。これまで20年以上にわたって取材してきた中で、最高の言葉を選りすぐって集めた1冊を作ってみないか、と。

埋もれていた言葉に、再び光を当てることができるこの企画は、私にとっては願ってもないことだった。そして、誰のどの言葉を選んでいくか、という至福の時間を過ごすことができた。

本書は、私が実際にインタビューし、私が原稿を書き、私の名前がクレジットされた書籍、インタビュー集、雑誌やウェブサイトの記事からその一部を引用し、資料や当時の記憶、メモなどに基づく私の解説を加えて新たに書き起こしている（出典についてはすべて、巻末に書き記した。お一人だけ、食事の場でいただいた話を私の記憶に基づいてご紹介している）。

数千字、数万字の原稿の中から、一部分だけを切り取ることの限界もあると思っていた。しかしその一方で、なお輝き、力強い言葉を引っ張り出すことができたと思っている。

働くことに迷う人に。
仕事で結果を出していきたい人に。
逆境に置かれている人に。
成功をつかみたい人に。
幸せをつかみたい人に。

私が見聞きしてきた幸運を、少しでもおすそ分けできたなら、大変幸いである。

目次

contents

第2章 運やチャンスをどうつかむか

第3章 真の力をいかに発揮するか

第4章 苦況をいかに乗り越えるか

第5章 ビジネスで成功する人は何が違うのか

第6章

本当の幸せをどうつかむか

やりたいことをどう見つけるか

第1章

CALLING

001

選択したものは、
思い切り好きになって、
のめり込みました。

魚谷雅彦
資生堂社長

日本を代表する世界的企業、資生堂のトップに戦後初めて外部から招かれたのは、２０１３年のこと。その華麗なキャリアは当時、話題になった。

新卒で入社したライオン時代にコロンビア大学に留学。史上最年少でブランドマネージャーに就任。その後、アメリカの銀行、ヨーロッパの食品メーカーを経て、39歳で日本コカ・コーラに副社長として入社。『ジョージア』男のやすらぎキャンペーンなど、社会現象ともいえるキャンペーンを次々に主導し、46歳で26年ぶりの日本人社長に就任した。

私が初めてロングインタビューをしたのは、この時代。その後、何度もインタビューさせてもらうことになるのだが、印象的だったのは、これだけのキャリアを作れた理由について質問したときだった。そんなことは考えていなかった、と返されたのである。

「キャリアについて、事前にしっかりと計画を立てる人がいるようです。でも、僕は決してそうじゃなかった。実際、行き当たりばったりです（笑）。好きなことをやろうとしてきただけ。留学したいと思ってライオンに入り、コカ・コーラに行き当たった」

その先に、資生堂の仕事があった。あれやこれやと計算をして、人生は作れるわけではない。むしろ、偶然を大事にしてきたのだ。

「ただ選択したものは、思い切り好きになって、のめり込みました。マーケティングなんて、24時間、何をするときも考えていましたから」

情熱を持って必死に取り組めば、自然に道は開けてくるものなのである。

CALLING

002

浅田次郎

作家

向いているか、向いていないかなんて、考えないほうがいい。

『鉄道員』『壬生義士伝』『中原の虹』……。素晴らしい作品を次々と世に送り出してきた直木賞作家。しかし、デビューは意外にも40歳だったことはあまり知られていない。

10代の頃は、自分は間違いなく天才だと思っていたという。遅くとも25歳くらいでデビューできると思っていた。しかし、そうはならなかった。

「そういうもんなんですよ、人生は。才能を信ずるべし、信ずるべからず。才能を信じなければ本当の努力はできない。でも、才能を過信してしまったら努力はできない。才能はみんな持っているけれど、汗をかかせてこその才能。それを忘れないでほしいと思う」

ただ、それ以上に大事なことがあると語っていた。それは、好きであること。小説が本当に好きだったからこそ、40歳まで書き続けることができた。

「だから、仕事をどう選ぶべきかと問われたら、やはり好きなことをしたほうがいいと答えますね。向き不向きなんて、考えないほうがいい。そんなのわかりっこないもの」

ただし、世の中では、必ずしも好きなことが仕事にできるわけではない。

「だから、選んだ仕事を好きになってみることです。好きになれそうな仕事を選び、自分から好きになってみる。今やっていることを好きになれない人は、案外、何をやっても好きになれないのではないかと僕は思う」

人間は思い込みで生きているところが大きい。だったら、好きだと思い込めばいい。浅田さんは語っていた。「思い込み」は、人生を有意義に過ごすための道具のひとつなのだ、と。

CALLING

003

坂東眞理子

昭和女子大学理事長

何より焦らないことです。
特に20代のうちは、
面白い仕事なんて
見つけようとしちゃダメ。

２００６年に刊行された著書『女性の品格』は、３００万部を超えるベストセラーになった。東大卒業後に総理府（現内閣府）に入省。事務職とアシスタント以外に、女性を採用する民間企業は、ほとんどない時代。男女共同参画が、自らの専門領域になっていった。

「仕事に関して若い人に伝えておきたいのは、何より焦らないことです。特に20代のうちは、面白い仕事なんて見つけようとしちゃダメ。仕事は面白くないし、楽しくないもの。だからこそ、給料がもらえるんだから（笑）」

ただ、それでも頑張っていると、だんだん楽しくなっていく。これならできるという、自分の強みが見えてくるからだ。

「見えるまでには、5年、10年はかかる。まずは目の前の仕事を全力でやってみることです。全力でやらないとチャンスを逃します」

逆に何かが学べると思うと、いろんなチャンスをつかめるという。

「もう1つは、長期で展望を持つことです。そのために何が必要なのかを考える。そして走りながら微調整していくんです」

いいときもあれば、しんどいときもあるのが人生だからだ。

「そして、自分のやっていることが世のため人のためになっているかを意識することです。いいことをしていると思えれば仕事も頑張れる」

仕事の意義を自分できちんととらえられれば、やる気は大きく変わっていくのだ。

CALLING

004

実際、仕事なんて大したことではないんですよ。

成毛 眞

元日本マイクロソフト社長、書評サイトＨＯＮＺ代表

『amazon　世界最先端の戦略がわかる』『２０４０年の未来予測』など、ベストセラーを次々と送り出し、ネットやテレビでの鋭いコメントにフォロワーも多い。

31歳のとき、まだ設立11年目だったマイクロソフトに中途で入社。５年後に日本法人の社長になり、当時90億円だった売上高を、退任する２０００年に約19倍にまで拡大させた。

インタビューしたのは社長を退任、インスパイアという会社を作ったばかりの頃だったが、強烈に記憶に残っているエピソードがある。就職観に大きな影響を与えたという友人の話だ。

「彼はこう言ったんです。人間はアリと変わらないんじゃないか、と。人生80年。でも、歴史に名前が残るほどの偉業を成した人以外は、その名前を記憶してもらえる人はほとんどいません。だったら、そのへんを歩いているアリと何が違うのか、と。これはガツンと来ましたね」

要するに人間なんて、その程度のものだということ。なのに、仕事を選んだり変わったりするくらいでグダグダ言っていてどうするのか、と。

「実際、仕事なんて大したことではないんですよ。所詮、仕事は仕事に過ぎないんです。面白いことに、こんなふうに醒めている人間のほうが、まわりでも出世したりしているんですけどね。だから、思いきったことをすべきです。逆張りもそのひとつです」

そして成毛さんを形作ってきたのが、その圧倒的な読書量だ。子どもの頃から活字中毒で、考えつく限りの幅広いジャンルの本を月に20冊のペースで読んできた。これが、大きな自信につながっていった。力の源泉は、職歴でもなく、学歴でもなく、読書量だったのだ。

CALLING

005

止まっている時計は、日に二度合う。

秋元 康

作詞家、プロデューサー

ＡＫＢグループの生みの親だが、かつて秋元さんが同じように若い女性グループをつくって大ヒットを飛ばしたことを記憶している人は多くはない。おニャン子クラブである。なぜＡＫＢを生み出せたのか。秋元さんは、同じことをずっとしてきただけなのだ。そのヒントになるインタビューを私はＡＫＢができる前にしていた。秋元さんはこんなことを語っていた。

「みんなが集まっている野原には、野イチゴはない。だから、野イチゴがたくさんありそうな未開の場所を探す。流行にかかわる仕事をしてきて思うのは、今はやっているものは、1年前に植えられていたということです。例えば今、ヒマワリが高値で取引されているとして、ヒマワリを今から植えたらみんなと同じです。待っているのは、暴落しかない。必要なのは今、タンポポを植える勇気なんです」

そして秋元さんの好きな言葉が、「止まっている時計は日に二度合う」だ。

例えば、ずっと前から延々とカスミ草だけを植えている人がいるとする。自分の姿勢を決して曲げない。でも、何年かに一度、カスミ草の大ブームが来て、この人は高い評価を受けるのである。

「一方、ただ流されて、ヒマワリだ、タンポポだと移ろう人もいる。こういう人は、永遠に時代から5分遅れで走り続けるわけです。一度も時間は合わない。僕が今、就職先を選ぶとすれば、あえて最悪のところを狙うでしょうね」

自分の信念にこだわり続けることだ。時計はいずれ、ピタリと合うのである。

CALLING

006

辛かったですね。最初は嫌で嫌でしょうがなかった。でも、腹をくくりました。配属された以上は、この道でプロになるんだ、と。

樋口泰行

パナソニック専務兼パナソニックCNS社長

新卒で入社した会社に、25年ぶりに役員として出戻るという驚きの転身を果たした。ハーバード大学でMBAを取得後、ボストン コンサルティング グループ、アップル、コンパック、日本HP、ダイエー、そして日本マイクロソフト社長というキャリアを見ると、最初からスーパーエリートだったに違いない、という印象が強い。

ところがキャリアのスタートを聞いて驚いた。典型的な3K、きつい、汚い、危険な職場、松下電器の溶接機事業部から始まっていたのである。

出社するとまず、つま先に鉄芯の入った重たい安全靴をはく。それから、通常の作業着の上になめし皮製の分厚い防護服を着て、その上に皮地のエプロンをつける。真夏は蒸し風呂のように汗だく。実験や評価のために長時間溶接を続けていると、金属粒子が容赦なく体に飛び散る。一日作業すると、全身が粉塵だらけで真っ黒。鼻の中まで真っ黒になった。夜帰宅してからも、昼間見続けた閃光で目が焼け、涙がこぼれて眠ることができない。

「最初は毎日、嫌で嫌で、しょうがなかった。でも、そのうち腹をくくるんです。配属された以上は、この道でプロになるんだ、と。そして結果的に、この配属が良かったことが後にわかるんです」

小さな事業部だったため、電気回路から筐体の設計、セールスのアシストまで、小さな事業の経営を学べた。しかも5年ぶりの新人配属。周囲にかわいがられ、鍛えられた。

この配属があったから、後のキャリアが描けたというのだ。人生は、深い。

CALLING

007

お金のためとか、会社のためとか、そんなんじゃないでしょ。

出木場久征
リクルートホールディングス社長

新卒でリクルートに入社。13年目の36歳のとき、全社で17人しかいない執行役員の1人に任命。２０２０年には45歳にして、社長に就任した。

もともと起業するつもりだった。「一番キツイところに配属してください」と言うと、驚きの配属に。なんと社内ではなく、社外の営業専属代理店への出向から始まったのだ。

「いきなり最初の週から八王子・多摩エリアを与えられて、『飛び込み営業してこい』と。これはキツかった。同期がもう1人いたんですが、すぐに辞めてしまいました」

学生時代から、ネットビジネスで事業を始めていた。ネットを活用することで売り上げを伸ばす。自分のビジネスも伸び、会社を辞めようと部門長に申し出ると言われた。

「そうだな、お前はそんなふうにして年商10億円くらいの会社を作って、外車とか買ったりするのがお似合いかもな」

たしかに自分で事業をやったほうが儲かったはず。しかし、それが本当に自分のやりたいことなのか、と思った。社会にもっとちゃんと影響力のあることを一生懸命やることのほうが、意味があるのではないか、と。

「今もそうなんですが、別に会社のために生まれてきたわけじゃないわけです。お金のためとか、会社のためとか、そんなんじゃないでしょ、と。こうすれば世の中、便利になるよね、役に立つよね、ということができなきゃ意味がない」

この意識が最年少の役員就任につながり、社長への抜擢につながったのだ。

CALLING

008

何のために
社会に出るのか。
どうすれば、
社会の役に立てるのか。

南部靖之
パソナグループ代表

大学在学中に日本ではまだ珍しかった人材派遣ビジネスで起業した。

「僕が父に言われていたのは、働くということは、才能、能力を表現する場であり、自分という存在を社会で役立てる一番で唯一の方法だということです」

働くことイコール就職すること、生活するためにお金を稼ぐ、などということを父親はまったく言わなかった。だから大学時代の友人たちが当たり前のように大企業を目指して就職活動をする中、南部さんは逆のことを考えていた。

「何のために社会に出るのか、ということです。どうすれば、社会の役に立てるか」

もちろん簡単に答えは出ない。一度きりの人生だ。ただ、とりあえずはみんなと同じ就職活動もしてみることにした。ここで疑問に直面する。

例えば、忙しくて人が欲しいと言っている企業でも簡単には採用はしない。忙しい時期は職種や業界ごとに波がある。一方で、友人と開いていた塾では、母親たちからこんな話を聞かされていた。子育てが一段落したら仕事をしたいが就職先がない……。

「僕の就職活動は、途中から完全にヒヤリング調査に変わっていきました。最終的に100社は回ったでしょう。それで手応えを感じ、卒業前に会社をつくったんです」

まずは、どう社会の役に立ちたいのか、志を持つこと。どんな企業に入れば、その志は実現できるのか。そこから考えてみる。そういう発想で仕事をしている人なら、企業もきっとその人の存在を認めてくれる。きっと結果も、変わっていく。

CALLING

009

何時間やっても苦にならない。
仕事を選ぶヒントのひとつ
だと思います。

角田光代

作家

『対岸の彼女』で直木賞を受賞。数々のベストセラー作品を世に送り出してきた。小学校1年生のときに読んだ本に感銘を受け、その頃から本を書くことを夢に描いた。大学でも小説を専攻、卒業後にデビューする。

「ただ、それからすんなりいったわけではありません。文学賞の候補になっても落選が続きました。賞がすべてじゃないと思っていても、落ちるとやっぱりショックなわけです」

26歳でまったく書けなくなった時期がある。

「そのときは、書けないことをごまかすために、お酒に走っていました（笑）。ぶっ倒れるまで飲み続けるんです」

そうすると、翌日は二日酔いで小説どころではなくなる。こんな生活が4カ月ほど続いた。

「でも、人間って、言い訳だらけの飲んだくれ生活をそんなに続けられないんですよね。飽きちゃうんです。それで、そろそろ書かなきゃな、と」

開き直り状態だった。バカと言いたければ言え、くらいな気持ちで書き上げた『まどろむ夜のＵＦＯ』が野間文芸新人賞を受賞する。

「そもそも仕事って、面白くないものなんですよ（笑）。だから仕事を選ぶヒントをひとつ挙げるとすれば、何時間やっていてもまったく苦にならないものということだと思います。そういうものって、誰でもひとつは絶対にあると思うんです」

仕事の厳しい現実もわかったうえで仕事を考える。苦にならないものを浮かべてみることだ。

CALLING

010

改めて思いました。
きっと自分には
何かのミッションが
あるんだ、と。

元榮太一郎

参議院議員、弁護士、弁護士ドットコム創業者

二度目の司法試験の浪人中、１日10時間を過ごした予備校で自身に課していたことがあった。最前列に座る。眠くなるので昼食は取らない。１日に使っていいお金は２００円まで。トイレは１回だけ。休憩時間も席で勉強した。予備校では「席を立たない人」として有名になった。１１０円のジュース１本が１日のご褒美。友人との飲み会にも一切行かず、家でも酒は飲まなかった。あえてボロボロの服を着た。毎日、鏡を見て飢餓感をあおった。やがて身体が悲鳴を上げる。血尿が出た。だが、合格率２パーセントの超難関を突破した。

大手法律事務所に就職。最先端の企業法務に関わるビジネスロイヤーに。夢のような生活の日々。ところが、３年でこの生活にあっさりと別れを告げるのだ。以後、８年にわたって厳しい赤字経営を続けることになる弁護士ドットコムをゼロから立ち上げた。

大学時代、交通事故に巻き込まれた。助けてくれたのが、弁護士。これが弁護士を目指したきっかけだった。弁護士がもっと身近になれば、と思った。

「そして実際に弁護士になって、ひらめいたんです。弁護士もサービス業。比較、検討できたり、相談できるサイトがあったら、もっと身近になる。かつての僕のような困っている人を救えたら、大きな価値になる、と」

事業アイデアが生まれると、興奮状態に陥って、翌月には法律事務所に辞職願を出していた。

「このときに改めて思いました。きっと自分には何かのミッションがあるんだ、と」

年収は２０００万円近くになっていた。しかしそんなものは、まったく惜しまなかった。

CALLING

011

人生の目的は、心地よいスペースに安住することではない。

ジャスパー・チャン

アマゾンジャパン社長

香港に生まれ、香港大学工業工学部を卒業後にキャセイパシフィック航空に入社した。折しも、中国への香港返還の前年。チャンさんはカナダへの移住を決断した。

「人生を送る上で大事にしてきたのは、非連続な変化でした。常に新しいことに興味を持つ。新しいことに挑む。より大きなことにチャレンジする。この姿勢があったから、僕はいろんなチャンスを得ることができたし、いろんな人と出会うことができた」

カナダでビジネススクールに入学。Ｐ＆Ｇに入社し、５年勤務した後、成長著しいアジアで貢献することを考えた。だが、中国にはポジションはなく、提示されたのは日本勤務。そして、まだ小さな組織だったアマゾンと出会う。入社４カ月で、社長に抜擢された。

「今までのキャリアを捨てて、新しい挑戦に……などといった質問をされるんですが、違う。キャリアはなくなったりしないわけです。実際、僕のそれまでの経験は消えない。そう考えると、リスクというのはそれほど高いものではないんです」

仮に小さな会社でうまくいかなくても、それまでの経験と自信があれば、やり直すことができる。キャリアとは、勤務する会社の看板がなくても、やっていける力を持つこと。

「逆にいえば、キャリアのある人には、人が思うほど、大きな会社から小さな会社への転職のリスクは大きくない。むしろリターンの大きさのほうが魅力だと思う。人生の目的は、心地よいスペースに安住することではないですから」

そしてそれこそが、自分のポテンシャルをさらに高めていくことになるのだ。

CALLING

012

所ジョージ

ミュージシャン、タレント

結局ね、
自分の考えひとつなのよ。
人生をつまんなくしてるのは、
自分なの。

高校卒業後、造園会社で働いていたが、父親の勧めで大学進学。ところが1年で除籍に。

「ちゃんと学校には行ってたんですよ。でも、2年に進級するための必修科目を取ってなかったんです。これでは、どんなに頑張ったって2年生にはなれない（笑）」

普通ならメゲるかもしれない。落ち込むかもしれない。しかし、所さんは違った。イベントにしてしまうのだ。これは、何かのきっかけだ、人生の転機だ、と。

「いろんなことで泣く人は、自分をいい位置に置いているから泣いちゃうわけ。もともと自分は愚かで、愚にもつかない人間だと思っていれば、笑えるのね」

人はそもそも愚か。みんなが賛同することは往々にして大したことはない。それより極端が面白い。昔からそう思っていたという。

「それで大学をやめてデモテープを作ってレコード会社に送ったら、いろんな人が面白がってくれた。訳わかんない歌だったんだけど」

スマートなことばかり求めようとするから、つまらなくなる、と所さんは語る。

「結局ね、自分の考えひとつなのよ。人生をつまんなくしてるのは、自分なの。会社だって仕事だって同じ。そして、お金がなければ楽しいことはできないと勝手に思い込んでる」

デビューの頃から、自分が世界で一番幸せだと思っていた。給料が7万円のときも。

「給料だと思えば安いけど、小遣いだと思えば、7万円はすごいじゃん（笑）」

いろいろなものの価値を勝手に決めているのは、まさに自分なのだ。

CALLING

013

自分の理想も、本当にいいかどうかはわからない。

香山リカ

精神科医

精神科医、大学教授、本の著者、コメンテーターなど、多彩な活躍をしてきた。しかし、こうなろうと思って今があるわけではないという。

「こうでありたい、とか、こうでなきゃいけない、というビジョンは、今も私にはないんです。今の現実をそのまま受け止めます。だから、本当はこうなるはずだったのにどうして、みたいなストレスはない」

しかも、仕事が忙しくなっても、それほど気にならない。

「したいことがあるわけでもないし、バカンスに行きたいとも思わない。そもそも泳げないし(笑)。あんまりそういうことを気にしないで生きてきたんです」

医者という仕事も自分には合わないと思っていたという。ただ、本当に嫌でしょうがなかったら、途中で辞めていたはず。かといって天職だと思っているわけでもない。

「こういう仕事へのつきあい方もあるんです。入って見たら意外にやれた、みたいな。こうなりたいと思わなかったから、思ってもみないような展開になったともいえます」

思ってもみない人に出会い、予想もし得なかった未来の展開になった。

「まずは目の前のことをやってみるんです。『こんなの自分には……』と思わずに、まずはやってみる。実は自分の理想も、本当にいいかどうかはわからないでしょう」

目の前のことをどう捉えるかで、とんでもないチャンスになったりする。実は無意味なことなど何ひとつない。何につながるかわからないのだ。香山さんも、まさにそうだったのである。

CALLING

014

冨山和彦

経営共創基盤会長、日本共創プラットフォーム社長

確実なのは、
〝確実なものなどない〟
ということ。
そしてプロは生き残れる
ということ。

東京大学法学部卒。在学中に司法試験合格。卒業は１９８５年。就職先は引く手あまただったはずである。だが、選んだのはボストン コンサルティング グループ。今でこそ外資系コンサルティング会社は就職人気も高いが、当時はその存在を知る人も少なかった。異端の就職の理由は「プロフェッショナルになれること」。その一点だった。

その後、コーポレイト ディレクション設立に参画。これはたまたま新入社員時代に配属されたチームが独立したから。未来の見えない先輩たちの決断に、黙ってついていった。短い期間とはいえ、お世話になったから、というのがその理由。最年少社員だった。打算などなかった。

スタンフォード大学でＭＢＡを取得。帰国後は社長になり、経営危機に陥っていたコーポレイト ディレクションを救う。その後、クライアントへの大胆な企業再建の実績を買われ、42歳で産業再生機構に招聘。その後、独立して経営共創基盤を設立する。

「私の場合は、父親の影響が大きかった。カナダ移民から日米開戦直前に帰国した父は、後に名門総合商社で活躍しました。ところが、会社はあっけなく倒産。修羅場の光景を私はあちこちで目にしました。ギリギリの場面になると、人はきれいごとなど言っていられなくなる。そんな、人のリアリズムを、子どもながらに体感することになったんです。以来、予定調和的な秩序は信用しなくなりました。確実なのは、〝確実なものなどない〟ということ。そしてプロは生き残れるということです」

異端の選択は間違っていなかった。それは、その後の華々しい活躍が物語っている。

CALLING 015

澤田貴司

ファミリーマート副会長

オレが言っていたことが
20年経って
ようやくわかったか！
と思いましたよね（笑）。

大学卒業後に伊藤忠商事に入社。38歳で退職したのは、「商社は小売りビジネスをやるべきだ」という必死の提言を会社にするも受け入れられなかったから。まずしたことは、人材会社への登録。そこで紹介されたのが、山口県宇部市に本社のある小さな会社だった。

売上高は約400億円。後にユニクロブームをはじめ、日本の流通業を席巻するファーストリテイリングである。在職した5年で売上高は10倍の4000億円に。今は2兆円を超える。

ユニクロのことは知らなかった。当時のロゴマークはあまりいい印象を持たなかった。コマーシャルもいまひとつに思えた。だが、初めて会った柳井正という経営者に圧倒された。最初は木訥な印象だったが、言葉の端々から小売業への圧倒的な情熱が伝わってきた。

入社を即決。お願いをしたのは店長候補として入社すること。そして現場から、経営へガンガン突き上げた。2カ月後、経営企画室長に。4カ月で商品本部長を兼任。その2カ月後、役員になった。給料は倍に。1年後には副社長。入社1年半でナンバー2になった。

ユニクロを離れてリヴァンプを設立して10年。小売りビジネスを伊藤忠に直訴して20年。驚くべきことが起きた。なんと伊藤忠から、ファミリーマートの社長就任を依頼されたのだ。

「オレが言っていたことが20年経ってようやくわかったか！　と思いましたよね（笑）。でも、冗談抜きに古巣から声がかかったことはうれしかったし、本当に天命だと感じてオファーをお受けして、社長に就任しました」

ドラマのような話が、本当に起きた。信念は未来に何を引き起こすのか、わからないのだ。

CALLING

016

藤田 晋

サイバーエージェント社長

自分を守るには
キャリアを得るしかない。
経験が得られない環境
にいることは、
実は最も危険なんです。

24歳で設立したサイバーエージェントは、今や売上高が４０００億円を超える。これまで幾度もインタビューをしているが、若い時代に就職に関して聞いた取材があった。

「主体的になることですね。キャリアデザインは自分で考えないと、後でこのままでいいのか不安になってくる。20代前半の頃は、やりたいことや向いていると思うことが毎年のように変わります。だから、あまり固執しないで、いろいろ試したほうがいい。その意味では、就職活動でやりたいことを絞り込んでしまった人は、自分の可能性を狭めてしまったかもしれない」

軌道修正は何度でもできるし、したほうがいい。ただし、心に留めておかないといけないのは、軌道修正していい期間は長くないこと。だから主体性が重要になる。

「もうひとつは、リスクのないところにリターンはないということ。得られるものが少ないとはどういうことかといえば、成長する機会が少ないということです」

自分を成長させるには、業界や会社が成長していることが大前提。成長中の会社なら組織も拡大する。新しい人もどんどん入る。新規事業に携わるチャンスもあるし、ポストも増える。よりレベルの高い仕事に挑む機会が増える。

「自分を守るにはキャリアを得るしかない。経験が得られない環境にいることは、実は最も危険なんです」

逆に経験が積める環境にいれば、あっという間に差がつく。今や東証一部上場企業となったサイバーエージェントだが、20代の取締役だって、実在するのである。

CALLING

017

出口治明

立命館アジア太平洋大学学長

金融機関に入ったのは、全くの偶然でした。

日本生命勤務を経て、ライフネット生命を創業。現在は立命館アジア太平洋大学の学長を務める。私は大企業のトップへの取材もたくさんしているが、興味深いのはびっくりするような展開で就職先を決めてしまった人が、実は少なくないこと。出口さんもそうだった。

「金融機関に入ったのは、まったくの偶然でした。僕は法学部で学び、日本の正義のために頑張りたい、と弁護士を目指していたんですね」

ただ、万が一、司法試験がうまくいかない可能性もあるから、どこか会社を受けておこう、と友人に誘われた。

「それで京都から京阪電車に乗って、終点の淀屋橋駅の上にある日本生命に行くと、『司法試験に落ちたらうちに来なさい』と言ってもらえたのです」

結果的に司法試験に落ち、出口さんは日本生命に行くことになった。

「入社してからは猛烈に勉強しました。なぜなら、保険会社の仕事が面白かったから」

保険が必要なのは、普通の人。しかも若い人。保険の社会的意義を知り、偶然にしてはラッキーな業界を選んだと気づいた。そして退職後、ライフネット生命を立ち上げた。

「できるだけ廉価なコストでリスクをヘッジし、若い人をもっと応援できる保険会社を作りたかった。保険の原点に立ち戻った会社を作りたかったんです」

ベンチャーを率いることになったが、最も年齢の高い出口さんが最もアグレッシブな印象があった。そして会社を軌道に乗せると、大学学長というさらなるチャレンジに踏み出した。

CALLING
018

出雲 充

ユーグレナ社長

ただただ本当に
ショックだったんです。
バングラデシュで見た光景が。
問題は飢餓じゃない
じゃないか、と。

ミドリムシの屋外大量培養技術の開発に成功、設立7年で会社を上場に導いた。しかし、自分が起業することになるなど、実は想像すらしていなかったという。

「大胆な決断をした覚えもないし、ビジネスプランなんてものもなかった。私は、ただただ本当にショックだったんです。バングラデシュで見た光景が」

会社員の父と専業主婦の母を持ち、3階建ての建物がずらりと並ぶ大きな団地で育った。周辺には個人商店がほとんどなく、自営業を知る機会もない。働くといえば、会社員になるか、公務員になるかの二択だった。

「私は海外に行ったことがなかったので、行ってみたいな、と思って浮かんだのが、海外の公務員のような仕事。国連の職員だったんです」

国連職員になって、世界の飢餓問題を解決する。これが、高校時代に思い描いた未来だった。大学に入学、夏休みに飢餓の現場を見に行くことにした。バングラデシュだ。

「お腹にたまりそうな日本の食品をスーツケースにたくさん詰め、現地で配ろうと思っていました。ところが現地では、食べ物がなくてお腹を空かしている人なんていない。それどころか、憧れの国連のマークをつけたカンパンの缶が山積みになっていた」

炭水化物は豊富にあった。問題は、それ以外の栄養素が決定的に欠けていることだった。ビタミン類やたんぱく質、ミネラルなどを含んだもっと栄養価の高い食品が必要だったのだ。そして出会ったのが、ミドリムシだったのである。

CALLING

019

こうしようと思って
ここまでやってきたのではない。
気がついたら、
こうなっていたんです。

福山雅治
俳優、アーティスト

俳優として、ミュージシャンとして、アーティストとして、幅広い領域で活躍する。世代を超えて支持されるスターの一人だ。高校卒業後、勤めた会社を3カ月で辞め、18歳で上京した。ミュージシャンになるためだった。１９８７年のこと。

「漠然と思い描いていたのは、『仕事をせず、人にこき使われない、自分の好きなことをしてゴハンが食べていける生活』。田舎のバカな子どもだったんですよ（笑）」

当時の夢は、バンドを組み、３００人で一杯になるライブハウスを満杯にすること。それが夢の天井だった。だが、運命に操られるように、まったく別の道に進んでいく。偶然テレビで見た映画の俳優募集に応募するのである。

「それで映画に出ることになって。やっぱり音楽をやりたいと事務所の人に伝えたら、『やっていいよ』と言われたんですが……。よく考えたら、曲を作ったことがなかったんです」

デビューはしたものの、鳴かず飛ばずの数年を20代前半で経験。ところが、ドラマ出演を機にブレイクする。なぜ、これほどのスターになれたのか。

「こうしようと思ってここまでやってきたわけではないんです。気がついたら、こうなっていたんです。そもそも自分は何者でもないと思っています」

意識してきたのは、「福山雅治プロジェクト」ともいうべき、事務所スタッフを中心としたチームで、冷静に状況を見極め、自分がやるべき役割をしっかり果たしていくことだった。才能があると思ったこともないという。でも、こうも語っていた。根性はあると思っている、と。

CALLING

020

何かに生かされていると思うと、
心穏やかになれるんです。

五木寛之
作家

『大河の一滴』をはじめ、数々のベストセラーを世に送り出してきた。長期にわたって文壇で活躍してきた文字通りの大作家だが、インタビュー中は笑顔をたたえ、静かな語り口で答えてもらえたことをよく覚えている。

「僕は他力主義なんです。自分に与えられた運命をそのまま受容する。天命という言葉がありますが、天に生かされていると思っている。物語を作る能力を与えるから、その能力を発揮して、世の中の人に語りかけなさいと」

歌が上手で、好きで歌っている人は、必ず途中で挫折するのだという。芸能界が嫌になったり、歌に疑問を持ったり。そういうとき、五木さんはこう語りかける。

あなたは歌でみんなを喜ばせるというミッションを与えられたものだと思いなさい。そうすると、たとえ辛いことがあっても、同じ歌を1日10回歌えと言われても、生涯歌い続けられるよ、と。五木さんは、何かに生かされている実感を持って生きてきたという。

「何かに生かされていると思うと、心穏やかになれるんです。大きな流れが、今そういう状況に自分を運んでいるのだと思える」

成功も、見えない力が後ろから背中を押してくれている、と感じる。

「怒ったり焦ったり嘆いたりする人は、やっぱりうまくいきません。いいものは、人生に感謝している人がつかめるんです」

生かされる人生を素直に受け入れ、懸命に生きる。そういう人生も、ある。

第2章

運やチャンスをどうつかむか

LUCK&CHANCE

021

稲垣吾郎

俳優、歌手

意外に思われるかもしれませんが、地道にコツコツです。

ＳＭＡＰの一員。平成の30年を駆け抜けたスーパースターの一人だ。さぞやオーラがあるに違いないと思っていたのだが、それは想像を超えていた。

インタビュー場所となっていた、１００平米を超える、だだっ広いスタジオの片隅から、彼が入って来ると空気が一変した。多くの芸能人に取材をしてきたが、これには驚かされた。圧倒的なオーラだった。

だが、インタビューにはとても気さくに、丁寧に、誠実に答えてもらえた。取材テーマとは別に、私自身が最も知りたかったのは、なぜこれほどまでに人生に成功することができたのか、ということ。戻ってきたのは、驚く答えだった。

「意外に思われるかもしれませんが、地道にコツコツです。毎日のことを一つずつ大切にやっていく。柔軟な、素直な心で日々を過ごしていく。自分に対しても、人に対しても飾らない。肩に力を入れない。あとは何でもやってみる。僕はそうやって生きてきたんです」

実は本人にも大きな成功願望があったわけではなかった。

「やっぱり結果って難しいです。その日の結果を残すとか、わずかな時間でどう表現して良いものにしていくか。ある意味、目の前のことの積み重ねだと思っているんです。それ以上のことは、あまり考えない」

多くの成功者にインタビューして強く感じるのは、肩に余計な力が入っていないこと。スーパースターも、それは同じだった。

LUCK&CHANCE

022

石の上にも三年。ホント、昔の人は良いこと言っている。

石橋貴明

お笑いタレント

１９８０年代から芸能界のトップランナーとして走り続けてきた。最近では、ＹｏｕＴｕｂｅでのブレイクが報じられている。

お笑いタレントとしては、ヒールのイメージを持つ人も多いが、インタビューに現れたのは、笑顔をたたえた紳士だった。そして、よろしくお願いします、と深々と頭を下げられた。テレビのイメージとは、まるで違っていた。

それだけではない。受け取った名刺をテーブルの上に並べると、質問をするたびに、「上阪さん、それはいい質問ですね」と返される。人生で最もたくさん耳にするのが、自分の名前。スターにそれを呼ばれることが、心地良くないはずがない。さすが、長く活躍している人は違う、と感じた。

そしてインタビューでも、意外な言葉が連発された。「芸能界だって、実力１割、運９割」「同年代のお笑いの世界にも、うまい人はいくらでもいた」……。運をつかむヒントは、という質問には、こんな答えが返ってきた。

「辛抱です。辛抱の先に何かが待っているかもしれない。石の上にも三年っていう言葉があるけど、ホント、昔の人は良いこと言っている。これは、何をやるにしても言えることだと思う。努力も大事です。だって、運とタイミングがそろったときに準備ができていないと、それに乗れないですからね」

世に出てくる人は、やはり、ということをやっているのである。

LUCK&CHANCE

023

北尾吉孝

SBIホールディングス社長

正しく生きようとすること。
そして人間性を磨くことです。

野村證券から49歳でソフトバンクへ。転身は大きな話題となった。

「ある会合の後、孫正義社長から、『1分間だけお時間をいただけませんか』と声をかけられたんです。『ぜひ来てほしい、そうすればソフトバンクは飛躍できる』と。僕は天の導きだと感じ、新しい道を歩むことに決めました」

資金調達、M&A、海外業務……。野村證券でやってきたことがすべて、ソフトバンクの事業拡大の肥やしになった。その後のいろいろな経験が今につながった。

「人は、生まれたときから、この世の何かから使命を与えられていると僕は思っています。これが天命です」

気づいてみると、それまでに起きたいろいろなことも、すべて与えられた天命に向かって起きていたことだったのではないかと感じた。だから、こう考える。

「どんな仕事も一生懸命にやらないといけない。どんな職場にいても、努力しないといけない。それが後の、大事な肥やしになるからです」

父親の影響もあり、中国古典の世界が精神的なバックボーンとしてあった。

「『君子は義に喩り小人は利に喩る』という言葉がある。正しく生きようとすること。そして人間性を磨くことです。そうすれば、他を利することにつながる。そして、いつかそれは自分に戻ってきます」

すぐには報われない。しかし、あきらめない。そうすれば、いつか必ず報われるのだ。

LUCK&CHANCE

024

勝俣州和

タレント

僕なんて、20代の頃は
ソンばっかりでした。
でも、これが後で
トクに化けていったんです。

20代でデビューし、アイドルグループ、お笑いユニットなど多彩な活動を経て、50代になった今でもなおテレビの第一線で活躍する。浮き沈みの激しい芸能界で、長きにわたって売れっ子であり続けることは簡単ではない。しかも、和田アキ子さんはじめ、芸能界の大御所たちに「可愛がられるキャラ」。その理由をインタビューで聞いた。

「仕事でまず心がけているのは、その番組の企画を考えた人がどうしたいのかをちゃんと理解して、常に全体を見渡すこと、ですよね。芸能界って基本、個人商店だし、個人プレーですけど、番組に入るとそれではダメなんですよ」

仕事は一人でやるわけではない。自分だけが面白く映っても番組はうまくいかない。サッカーでいえば、調子のいい人がシュートを決めていったり、そうでない人は悪いなりにパスを出したり。みんなが目立っていく。そういう仕事を目指しているのだ。

そして人間関係でいえば、人と人との関係を、面倒くさがらないこと。

「今は学生時代に部活はやらず、先輩後輩のタテのつながりを避けてきた若い人も多い。傷ついたり、汗かいたり、という経験が足りないという自覚は必要でしょうね。そもそも何でもソンとトクで分けるでしょう。でも、僕なんて、20代の頃はソンばっかりでした。でも、これが後でトクに化けていったんです」

例えば、厳しい先輩に会ったとき、面倒くさがらずに、ぶつかれるか。厳しさを受け入れられるか。それを避けていたら、力はつかない。

025

いい仕事をしている人というのは、「生業」ではなく、「仕事」をしている。

リリー・フランキー　文筆家、俳優、画家

初の長編小説『東京タワー』はミリオンセラーになった。俳優、画家など多彩なフィールドで活躍するが、美術大学を卒業後の20代は極貧のプータロー生活を送っていた。

「20代は苦労したほうがいいんですよ。何でも後に楽しいことがあるほうがいいじゃない。いちばん大変なのは、若くして成功しちゃうことです」

しかし30代になり、ここから落ちたら苦しい。

「それよりも、ちょっとずつでもいいから、去年よりマシになっていると思えるほうがはるかに楽です。金がなくても体力さえあれば、いろんな経験はできる。でも、大人になって金だけあっても、体力なくなったら経験できることは少ない」

20代、30代は自分の未来を勝手に決めがちだという。

「でもね、そんなこと考えても、わかるわけないんですよ。もっと自分を肯定したほうがいいんです。どんどん自己肯定して、妄想を膨らませないと」

昔、友人がこんな話をしてくれたという。農家の発想は、田んぼに稲を作り、農協に納めてお金をもらう。これは仕事ではない、生業である、と。

「仕事というのは、あぜ道の草を抜いたり、まだ荒れているところを耕したり、すぐにはお金にならないことをやること。つまり、先のことのために働くこと。結局、いい仕事をしている人というのは、生業ではなく、仕事をしていた人だと思う」

みんなが疲れ、休んで寝ているときに、起きて「仕事」ができるか。それが問われるのだ。

LUCK&CHANCE

026

何かのプレッシャーがなければ、必死さは生まれない。

石井 裕
MIT メディアラボ教授

日本の電電公社（現ＮＴＴ）に16年勤務した後、ノーベル賞受賞者を60人以上、輩出してきたアメリカのマサチューセッツ工科大学（ＭＩＴ）へ。ＮＴＴでの研究成果が評価され、メディアラボに採用が決まったとき、当時のネグロポンテ所長はこう語ったという。

「君が取り組んできた研究の面白さはわかった。でもＭＩＴでは同じ研究は絶対に続けるな。まったく新しいことを始めろ。人生は短い。新しいことへの挑戦は最高のぜいたくだ」

当時39歳。この言葉に奮い立った。そして「タンジブル・ビッツ」という画期的なコンセプトを生み出す。

「何かのプレッシャーがなければ、必死さは生まれないと思っています。自由に研究していい、といわれて、本当にいい研究ができるかどうか。忙しいからこそ必死になる」

ＭＩＴには世界中から学生が集まるが、厳しい競争環境の中で、目の色が違うという。

「学生たちが目を輝かせるのは、自分が作った技術やアイデアが社会に貢献し、社会に残るかもしれないのだ、という事実を知ったときです。視点が高い。だから小さな成功に満足することはない。小さな成功を守ろうとすることもない。一度の成功で満足もしない」

人生は長くない。結果の収穫ができるかどうかもわからない。突出した成果を出したいというエンジニアには、エンジニアであることを辞めよ、と言いたいという。

「エンジニアというラベルを貼った段階で、もう壁ができているから」

大事なことは、エンジニアであることではない。社会にどう貢献するか、なのだ、と。

LUCK&CHANCE

027

花形には行かない。あえて、日陰を選ぶ。

出井伸之

元ソニーCEO、クオンタムリープ会長

57歳のとき、ソニーの社長に就任。14人抜きの抜擢だった。しかし、意外な話がある。

「多くの人は僕が花形の道を歩んできたと思ったようです。でも違う。むしろ逆です。僕の経歴は花形でも王道でもない。だから、もし社長を目指したいという人がいればこう言いますね。人の嫌がることをやりなさい、と。そういうところで地道に働く。人の3倍働く仕事を選ぶ」

花形には行かない。むしろ、日陰を選んできた。経営戦略がアメリカに向いているソニーで、ヨーロッパを担当。駐在後は営業部門を希望し、本社の中枢である戦略部門の異動を打診されても受けなかった。むしろコストと値付けに関わる部署にいたかった。それこそがメーカーの本質だから。事業部長になったのは、当時不況業種の指定を受けていたオーディオ事業部。これに喜んだ。思い切ってやれるから。大胆な改革と再生に挑むと、社内から次々に事業再生の話が持ち込まれた。

「社長になるなんて、実は思ったこともなかった。出世も遅かったんですよ。係長試験には落ちてるし、課長昇進は上司に忘れられていたし（笑）。でも、僕はまったく気にしていませんでした。そんなものは、長い人生のなかでは誤差みたいなものだから。それよりも、やるべきことをきちんとやるべきだと思ってた」

自分で目標を持ち、常に成長を心がける。人と同じでなく、できるだけ違う視点で物事を考える。自分の利益のためではなく、会社の利益のために発想し、発言する。経営者には力がいるのだ。だから、苦手なことをあえてやる。それが、力をもたらしてくれるのである。

LUCK&CHANCE

028

今日を懸命に生きた
積み重ねが、
未来なんです。

高田延彦

元プロレスラー

格闘家として数々の名勝負を繰り広げた。世界最高峰のファイターと戦う恐怖を消し去ってくれたのは、練習だった。今にも戦いたい。そう思えるまで、練習したという。

17歳で新日本プロレスに入門。想像をはるかに上回る厳しい練習に耐え抜いた。すぐに辞めようと思ったが、逃げなかった。この場所にしがみつき、とにかく頑張るべきだと思った。

現役時代に頭にあったのは、40歳で辞めざるを得ないような生き方をしたいということだけ。もうこれ以上はできない。引退せざるを得ない。そう自分で思いたい、と。

「ほかのことは考えませんでした。だって、未来のことなんて誰にもわからないでしょう。考えたところで、わかるはずはない。未来を考えることより大事なことは、今を考えること。今日をベストに生きた積み重ねが未来なんです」

先の計算をしたところで、その通りになるはずがない。明日、死ぬかもしれない。何が起こるかわからない。それは否定できない。だったら、ベストに生きるしかない。

「負けたから敗者なのかといえば、そうではないんです。重要なのは、勝負の直前までどれだけ魂を込めて日々を送れたか、ということです。自分が納得できるだけの練習をやることができ、強い自信が築けたかどうか。それがあるなら、きっとその先にプラスになる。間違いなく次に活きる」

若い時期は、人生の土台を作る時期。ここで腐ったら、人生そのものが腐りかねない。そして、この時代には二度と戻れない。絶対に引き返せないのである。

029

成功を捨ててチャレンジしなければ、成長し続けることはできないんです。

森川 亮 C Channel 社長

業績絶好調のさなか、ＬＩＮＥの社長を辞して起業した。

「若い人にチャレンジしろ、なんて言っていながら、自分がそうじゃない生き方をしたら、カッコ悪いじゃないですか」

大学を卒業して最初に就職したのは、日本テレビ放送網。33歳で退職。当時、辞める社員なんて、ほとんどいなかった。だが、怖さに気づいていく自分がいた。驚くほどの高給をもらい、チヤホヤされる。本当の市場価値に比べ、給与もステータスも高すぎるのではないか。それがわかれば、失うのが怖くなる。しかし、しがみついて、やりたいことをあきらめるような人生を送りたくない……。ソニーに転職。年収は半分になった。

その後、ブロードバンドが進んだ韓国に興味をもち、36歳で韓国本社のハンゲームへ。平社員での転職。年収は再び半減した。ゲームは素人だったが、自分にできる仕事をやっていると、事業責任者を委ねられた。ゲームに関心がないことが、いい意味で幸いし、生きた。オンラインゲーム市場でトップに立ち、韓国の親会社の社長のもとで経営のなんたるかを学んだ。

「印象的だったのは、社長が毎日ユーザーのことを徹底して考えていたことです。求められるものに応える。価値を提供する。ヒットを出し続ける。それこそが必要なんだ、と」

痛い思いもした。パソコンで成功したため、ガラケーへの転換に乗り遅れた。

「大事なことは失敗を次に生かすこと。逆にいえば、失敗していなければ次に生かせない」

個人も同じ。成功を捨ててチャレンジしなければ、成長し続けることはできないのだ。

LUCK&CHANCE

030

不器用なんです。
でも、だからこそ、
手を抜かずに
努力するしかなかった。

遠藤憲一
俳優

強面の悪役からコミカルな役まで、忘れられない存在感を残す。テレビドラマや映画の常連となっている個性派俳優。持ち前の渋い声に、ナレーションのオファーも絶えない。

「実は人に見られるのは、好きではないんです。舞台に立つとときめく、なんて人もいますが、まったくない。撮影中も、できるだけ人に見られたくないくらいで（笑）」

高校を中退。タレント養成所から仲代達矢さんが率いる無名塾に入るも10日で辞めてしまった。ようやく21歳でデビューするも、29歳まで4畳半、トイレ共同の木造アパート暮らしが続いた。ところが結婚後から、仕事が入り始める。ナレーションの仕事やVシネマが、役者としての遠藤を鍛え上げていく。

「低予算ですから、できることに限りがある。あとは、監督や共演者と力を合わせて、頭を使って工夫するしかない。油断すると絶対に面白くなくなるんですよ。体力的にも鍛えられましたね。朝6時にバス乗り場に集合して、9時から翌日の朝8時までぶっ通しで撮影。1時間仮眠してまた夕方まで撮影、みたいな。でも、そんな状態でも現場にいるとハイになって、突き抜けてアイデアが出てきたりするんです（笑）」

静かな悪役が注目され、ブレイクが始まる。幅広い役を手がけるようになった。

「結局、不器用だったからだと思うんです。台本を読むのは遅いし、覚えるのも遅い。でも、できないからこそ、手を抜かずに努力するしかなかったんです」

20代の下積み経験から、大抵のことは我慢できたという。不器用は武器になったのだ。

031

そもそもこの世は自分の意識が作っている。だったら自分で物語を作ってしまえばいい。

古舘伊知郎
フリーアナウンサー

テレビ朝日のプロレス実況で人気となり、29歳でフリーランスに。後に看板番組「報道ステーション」のキャスターも務めた。フリーになった理由のひとつは、会社への不満を自分で昇華させてあおったこと。そこそこ優遇されている実感なんて、実は錯覚に過ぎないと思った。

「プロレス実況って、アナウンサーとして花形じゃないし、評価も高くない。そんな状況って、やっぱり本能に逆らってるわけですよ。犬だって、小さなオリなら出ようとする。人間なら、なおさらそうだろうって」

もうひとつは、その本能の出没に乗じて、自分で物語を作ってしまったこと。

「自分自身はリングに上がったことはなかった。『29年間、オレはだれとも戦ってない。そのうち家庭を持ったら守りに入るかもしれない。保身、保守ではなく、ここは野党だ、民主党だ、なりふり構わず外に出るのがオレじゃなかったのかぁ』みたいな」

そもそもこの世は自分の意識が作っている、と語った。渋谷の街だって、人によって暗い街になったり、バラ色だったりする。だったら自分で物語を作ってしまえばいい、と。

「ただし、家も車も女も仕事も全部なんとなく欲しいじゃ、薄っぺらなポジティブシンキングと同じです。脳はバカだから、スケベはひとつに絞らなくちゃ。それで、ぐっと深く物語化する」

空想、妄想でいい。発明家や起業家にも、そう言っている人は多い。きっとこうなる、と強烈に意識する。それが、自分を変えていく。意識は、自分が作れるのだから。

LUCK&CHANCE

032

人生で一番足りないものは何か。それは時間です。

熊谷正寿

GMOインターネット社長

高校を中退、傾いた古いアパートに住んでいた21歳のときに起業を考え、後の成功に至った軌跡は著書『一冊の手帳で夢は必ずかなう』に詳しい。１９９１年に創業、１９９９年に独立系インターネットベンチャーとして初の上場を果たし、２００５年には東証一部へ。

「若いときというのは、お金を得たいと考えたりします。でも、お金を得るという夢を達成するにはお金だけを求めてもダメなんです。バランスが必要になる。まず、一番大事なのは健康、そして人の話が理解できるように教養も必要。これらは目標を大きく3つに分けたうちの『基礎レベル』です。その結果、実現できるのが家庭生活や仕事の成功。ここまでが『実現レベル』。最後にお金は結果的についてくる。『結果レベル』の達成です。３つのレベルのすべてをバランスよく達成しないと、夢に近づくことはできないんです」

21歳で自身が掲げたのは、具体的な夢だった。〝何かの分野で圧倒的なナンバーワンの実業家になる〟〝35歳で上場する〟……。その多くが後に実現する。行動は、すべてが目標を達成するための未来年表に基づいている。

「人生で一番足りないものは何か。それは時間です。夢を実現するための時間。僕はそのことに気づいた。だから、時間を大切にし、使い方にこだわってきました。もちろん本能的にやりたいことは僕にもある。例えば、ゴルフの練習とかね（笑）。でも、やりたいことだけをしていたら、人生の目標は達成できない」

本能的にやりたいことを犠牲にしてまで使う時間なのだ。大事にしないといけない。

LUCK&CHANCE

033

3日でできることは、3日で忘れるんです。

郷ひろみ
歌手

子どもの頃、テレビのブラウン管の向こうにいたスターだった。取材で顔合わせのときには、「郷です」という、独特の声の挨拶とともに笑顔で右手が差し出された。本当の話である。

取材でも、にこやかに、丁寧に、驚くほど気さくに、本当に何でも答えてもらえた。16歳でトップアイドルの座をつかんだが、若い頃はずっと〝危機感〟を持っていたという。

「何年かやっていると、なんとなく自分自身のことがわかってくるものです。歌も踊りも思った以上にダメだなって。このままじゃ、遅かれ早かれ僕は終わっていくと思いました」

だから、明確な目標を常に持っていた。そして、目標にしたものを手に入れるための人生のロジックがあった。それが、〝ギブ・アンド・ゲット〟。ギブとは、何かを得るために自分が注ぎ込む時間やお金、労力。そして注ぎ込んだ分だけゲットが手に入る。

注ぎ込んだ時間が短ければ、手に入れられるものも小さい。情熱が大きければ、手に入れられるものは大きくなる。目標が大きいほど、それだけのことをしなければいけない。

「３日でできることは、３日で忘れると思うんですよ。ゴルフでもそうですけど、30分のレッスンで〝つかんだぞ！〟と感じることなんて、30分後にはきれいに忘れますから（笑）。１カ月でできたものは、１カ月で忘れる。３カ月も１年も同じ。でも。不思議と３年やると、やめようというレベルではなくなるんです」

そして３年続けるためには、取捨選択が必要になる。やりたいことを全部なんて、無理なのだ。何を我慢し、何を捨てるのか。選んだものの大きさが、人生を形作るのだ。

LUCK&CHANCE

034

土屋恵一郎

前明治大学長

人間の中身なんてものは、
ほぼ空なんです。だから、
満たしてくれるものがあるなら、
突き進めばいい。

明治大学は高校生、とりわけ女子には１、２を争う人気大学になっている。新学部設置や新たな入試の仕組みづくりなど、大学変革に深く関わったのが、土屋さん。法学部教授の一方、能のプロデューサーとして１００以上の舞台を手がけた。華道と組み合わせる、カフェを会場にする、ファッションデザイナーに衣装を頼むなど、型破りな取り組みで能に脚光を浴びせた。

父親は小料理屋を営む板前。母親は壁塗り職人の娘だった。

「父は群馬の山奥から尋常小学校だけ卒業して出てきました。漢字は読めなかった。だから、献立表は母が作っていました。ふりがなを振ってね。父が生涯で読んだものは、競馬新聞だけだと思う。ふりがな振ってあるでしょ（笑）。馬の名前はカタカナだし（笑）」

無粋で真っ直ぐで不器用な生き方をしていた父親は、自宅にはほとんど戻らなくなった。

「家庭らしい家庭はなかった。よく言われたのは、そういうところから大学の教師が出てくるなんて珍しい、と。だいたい親が知識階級だったり、大学を出ていたりするでしょう」

学校を出たら板前になるつもりだった。

「これは僕の人生観ですけど、人間の中身なんてものは、ほぼ空なんです。だから、満たしてくれるものがあるなら、突き進めばいい。親は命を与えてくれ、食べさせてくれた。でも、それ以外は一切与えてくれなかった。もし何かチャンスがあるなら、世界であろうと日本であろうと、恐れることなく飛び込んでいかないといけない。それが人生なんです」

考えたところで人生の答えなど出ない。本能に従って、突き進んでいけばいいのだ。

第3章

真の力をいかに発揮するか

TRUE STRENGTH

035

米国留学で、
僕は目が覚めたんです。
死ぬ気にならないといけないと。

工藤公康

福岡ソフトバンクホークス監督

高校卒業後、ドラフト6位で西武ライオンズに入団。後に3つのチームを渡り歩いた。最優秀投手など、受賞多数。父親の勧めで野球を始め、中学ですでに野球で食べていくことを考えていた。家が裕福ではなかったから。自分が親になったとき、子どもには同じ思いをさせたくなかった。野球で成功するしかないと高校時代もハードな練習に耐えた。

「結果的にこのとき、厳しい環境に身を置けたことは幸運だったと思っています。強い体の基礎をつくれたのですから。一度、高いレベルで体づくりをすれば、以降もそれが基準になって体をつくれるようになります」

これが長く現役を続けられた理由だ。厳しい日々の中で、精神力もとことん鍛錬できた。

「それでもプロに入ったときは、しまったと思いましたね。高校でさんざん鍛えたつもりでも、プロは想像以上でしたから」

厳しい練習をしたが、思うようにはいかなかった。転機になったのは、米国のカリフォルニア・リーグに留学したこと。日本にはないシビアな環境があった。選手たちは、一つひとつのプレーに生活がかかっていた。勝負に対する闘争心は、それはすさまじかった。

「目つきがまったく違う。取り組む姿勢が違う。僕も真剣にやっていたつもりですが、まさにレベルが違いました。ここで僕は目が覚めたんです。いいとか悪いとか、そういうものを抜きにして死ぬ気にならないといけないと」

アメリカ人に負けないパワーをつけようと考えた。こうして結果が、変わり始めたのである。

TRUE STRENGTH

036

方向を定めるリスクは、定めないリスクより高い。

落合陽一
メディアアーティスト、筑波大学准教授

国際会議や論文誌で研究を発表する世界的な研究者の一方で、テレビやネット番組では気鋭の論客として活躍。アーティストとして芸術作品を生み出し個展も開き、最先端のテクノロジーでモノづくりをする自身の会社の経営者でもある。父は国際ジャーナリストとして知られ、１００冊を超す著書を世に送り出した落合信彦。自宅には著名人が次々に出入りしていた。

「父からは〝大した命じゃない。燃え尽きるまでやれ〟とよく言われていました」

中学時代、「ニーチェを読んでいない奴とはしゃべれない」と父から言われ、10代からジョン・ロックなどの哲学書を読み始めた。公立中学から開成高校に進むも、東大受験に二度失敗。筑波大学に学び、大学院は東大へ。筑波大学に戻り、研究室を持った。国立大学で20代でラボを持つのは異例。関わる領域が多方面に及ぶだけに、その日常は多忙を極める。

「僕はやるとなったら本当にやるんですよ。だから、声がかかる。あいつにお題を振れば、テクノロジーから何か発明すると思われているんでしょう。実際、ありものを使ってやりませんから。ゼロから考えるんです」

こうしてまた仕事が増え、忙しさはさらに増していく。

「その場その場でやらないといけないことをやっていますね。こんなに世の中の流れが速いと、方向を定めるリスクは、定めないリスクより高いからです。それこそ〝わらしべ長者〟の物語の深さを今、強く実感しているんです」

気鋭の科学者はこうも語っていた。日本の美的感覚は、すべて自然とつながっている、と。

TRUE STRENGTH

037

心が折れないようにする方法は、何のためにここにいるのかをはっきりさせることです。

岸田周三

「カンテサンス」シェフ

志摩観光ホテル「ラ・メール」、恵比寿「カーエム」を経て、２０００年に26歳で渡仏。修業を重ねた後、パリ「アストランス」でシェフのパルカル・バルボに師事した。帰国後に「カンテサンス」をシェフとして立ち上げ、三つ星を獲得する。

「どの店で働くかを決めるのは非常に大切なことだと思っていました。人間は強くありません。時には、苦しくて逃げ出したくなることがある。そんなときに心が折れないようにする方法は、何のためにここにいるのかをはっきりさせることです」

そう思える店を選べば、何かに責任を転嫁して、逃げ出そうとする自分にストップがかけられる。フランスでも同じだったという。そして一流シェフに学びを得た。大きな糧になったのは、一緒に働くスタッフとの人間関係づくりの重要性だった。

「フランス料理では、ともすればスーパースターのようなシェフがイメージされがちです。しかし、シェフ一人が活躍するのではなく、チームでいい仕事をすることが大事、というのが、バルボシェフの考え方でした」

そうすることで全体のレベルが上がる。

岸田さんはスタッフと同じ時間に出勤し、一緒に仕込みをすることから始めると語っていた。一緒に仕事をしながら、自分が望むクオリティをしっかり伝えていく。そうすることで、スタッフの負担も減る。少しでも長く休んでもらえる。こうしたチームの考え方が、店のクオリティ向上につながっていったのだ。

TRUE STRENGTH

038

人間は
楽なことだけしていても
成長しない。

キャシー松井

MPower Partners Fund L.P.ゼネラルパートナー

まだダイバーシティという言葉すら定着していなかった１９９９年に提唱したウーマノミクスが大きな話題となり、後に国の成長戦略のひとつとなった。２０２０年末にゴールドマン・サックス証券を退職。仲間と3人でベンチャーキャピタルをスタートさせた。

アメリカで生まれ育ち、アメリカの大学を出たが、日本での就職を希望。欧州系金融会社でのチーフストラテジストを経て、１９９４年にゴールドマン・サックス証券に転じた。

「当時、日本で活躍しているストラテジストの多くは日本人のベテラン男性。しかも日本企業のストラテジストチームは大人数。そんな中、女性、外国人、さらに若かった私は、『同じやり方をしても絶対に勝てない』とすぐにわかりました。そこで違う方法を考えることにしました」

ほかのストラテジストにはない視点でレポートを書くこと。例えば、年金積み立て不足。

「もうひとつ私がチャレンジしたのは、苦手な人と仕事をすること。誰でも、すぐに打ち解けやすい人とだけ仕事がしたいもの。しかし、それでは支持は広がっていかない」

特に苦手な顧客のリストをもとに週1回、電話をかけた。すぐにはうまくいかなかったが、外国人投資家の動向を知っている強みを相互コミュニケーションに活かし、信頼関係を築いた。

「仕事の幅が大きく広がりました。人間は楽なことだけしていては成長しない、とあらためて感じました」

ウーマノミクスにより、いずれは国の政策にかかわり貢献したいという学生時代の夢が、金融の仕事で叶った。そして松井さんの新たな挑戦も、大きな話題となっている。

TRUE STRENGTH

039

どうやったら勝てるか。戦略を考えないと勝てない。

中川政七

中川政七商店会長

３００年の歴史を持つ老舗企業を蘇らせた13代目。伝統工芸をベースにした新ブランドを次々に立ち上げ、奈良の特産品・蚊帳生地を使った「花ふきん」など、オリジナル商品を開発。全国の商業施設などにブランド直営店を展開する。

大学を卒業後に富士通に入社。２年目に退職して家業に入った。古い体質に戸惑いながらも、素人なりに、そもそもどうあるべきなのか、自分で考え抜いた。

「これは本気で思っていますけど、ボードゲームと同じだと思うんです。どうやったら勝てるか。戦略を考えないと勝てない。ゲームの構造をしっかり見抜く必要があるんです」

ヒントは身近にあった。例えば、大学時代からずっと好きで読み続けてきたモノ雑誌。単純に買い物をするための情報源だったが、本質が見えた。掲載されていたのは、商品についてのセールストークのあるものだけだった。どんなモノなら、どんな会社なら紹介したくなるか。その視点でモノづくりを進めればいい。

なのに、こういう商品開発がまったくできていなかった。モノを作ったら、卸して小売店に売ってもらうのが当時の常識だったが、それではセールストークを伝えてもらえない。だったら、自分たちで店舗を作ったらどうか。当たり前の概念にとらわれず、自分の頭で考えたら、そういう答えが出た。伝統工芸をビジネスにしていくことができた。

「やってはいけないのは、まあいっか、で済ませてしまうこと」

必要なのは、考えることだ。考え、考え、考え抜いてみることである。

TRUE STRENGTH

040

20代で踏ん張ることが大事なんです。

筧 利夫

俳優

大学在学中に「劇団☆新感線」に参加。卒業後、「劇団第三舞台」に入団、看板俳優として絶大な人気を集め、映画、テレビドラマ、バラエティなど多彩な分野で活躍している。

インタビューしたのは、筧さんが45歳のとき。毎日、楽しく、気持ち良く生きることしか考えていない、と語っていた。それが幸せだから。自分が楽しめていないと、まわりも楽しめないから。だから、楽しい仕事しかやらない。それなら家にいても勝手に仕事してしまう。楽しんで仕事しないとダメ。いずれ天井が来てしまう。先がなくなってしまう。

「ただね、こんなふうに、楽しむことが何よりだ、なんてことは20代の若い人には僕は言いません。40代だから言えることだから。そしてね、20代にメチャメチャ気合いが入って、とにかく力が入ったから、今があるんです。いつも緊張して。汗ダラダラ流してね。稽古場から緊張しとけ、って癖つけて。若いうちから楽しいわけがない。楽しめるはずがない。そんな簡単なものじゃないから。それは40代になったらやればいい。だからこそ、20代で踏ん張ることが大事なんです」

売れっ子になりたい、有名になりたい、という人より一歩抜きんでるということは、自分がこれから通る道を自分で作らなければいけないということ。

「それはもうイバラの道です。未知の世界を、無理矢理行くことだから。自分で草を刈っていると身体中、傷だらけになります。ズタズタでボロボロ。つらいですよ。痛いし、苦しい」

それでも、さらなる一歩が踏み出せるかどうか。それが最後に問われる。

041

カネ儲けがいかに大事か、という話ばかりしていました。

中西宏明

元経団連会長、元日立製作所会長

亡くなる直前まで経団連会長を務め、日本の企業、産業変革への大胆な提言を続けていた。リーマンショックで7800億円という日本の製造業史上最大の赤字を出した日立製作所のV字回復を副社長として牽引。その後、社長に就任し、日立を新しい時代の企業へと蘇らせた。

「どの産業もすべて同じように強烈な変化があります。リテールの勝負も変わる。製造やサービスのあり方も変わる。ロジスティックスも変わる。まさしく産業構造が変わるんです」

だから、変化に対して極めて鋭敏であり、むしろ自ら変化をクリエイトしていくことができるようなセンスを持った経営者でないと、これからは経営をやってはいけないと語っていた。そして社内に発信していたのは、カネを儲けよ、だったという。

「お金はなくならないと思っている大企業の人間は実は少なくない。キャッシュの苦労ってしないんですよ。だから、ダメだな、と。2010年に社長になったときには、カネ儲けがいかに大事か、という話ばかりしていました」

それこそカネがなくなれば、会社は潰れるのである。資産を整理しようにもカネはいる。カネの大事さ、カネ儲けのシビアさを知るべきだ、と。リーダー教育では、こんな話をしていた。

「修羅場をくぐらせることじゃないですか。例えば、海外の孫会社くらいの小さな会社の社長にする。3年間くらい苦労させてから帰す。キャッシュが足りなくて、社員にボーナスが払えないような経験をさせて帰すくらいがちょうどいい」

これからの社長の候補者は、こんなふうに教育される。経営者は強くなければならないのだ。

TRUE STRENGTH

042

居心地の悪い場所に
好んで行く。
定期的に恥をかく。

為末 大

元日本代表ハードル選手、Deportare Partners代表世界陸上で二度の銅メダル。幾度もインタビューしているが、驚かされたのはアスリートたちの努力の凄まじさだった。スポーツ選手ほどの努力を、どれだけの人がしているだろう。

「スポーツの世界は、みんなが100%の努力をしています。でも、一般社会に出て思ったのは、努力をしている人も多いけど、していない人も多いということ」

そして、これは危ないぞ、と感じることがあったという。

「追い込まれる状況から逃げがちな人が多いことですね。自分の能力の限界まで出す機会は、限られた人にしかない。それでは自分の限界がわからない。限界からリカバーするシステムも作れない。もっといえば、自分の弱さにも気づけない」

自分が弱いとわかるから、強くなろうとする。本当の自分に気づけていない人が多いのだ。

「危機を自ら望むのはおかしいですが、危機が起きそうな場所に飛び込んでおくことは重要。『リスクを取らないリスク』について意外と語られていない気がします」

足りないのは、自分を壊すこと。思い込んでいるものが壊される場所にあえて行くことだ。

「居心地の悪い場所に好んで行く。定期的に恥をかくんです。あとは、大物に会うことです。ちゃんと見透かされておく。年下の天才に会って衝撃を受けておく。自分を褒めてくれる人や、自分が気持ちいい人たちと会っていると、ごまかし続けられるんですよ。これでは危ない」

心地良い日々を続けても、生き残れなければ意味はない。凄まじい競争環境の中に身を置いたアスリートには、それがよく見えた。しかし実は、一般社会も同じなのだ。

TRUE STRENGTH

043

役所広司

俳優

セットに入り、
小道具さんの灰皿の盛り方で
気づくんです。
そうか、こんな役なのか、と。

高校卒業後、一度東京を見てみたい、と故郷の長崎を後にして、千代田区役所土木部道路課に4年勤務。これが芸名の由来だ。同僚にチケットをもらった「俳優座」の公演で役者たちの姿に感動する。以来、舞台を観て歩き、仲代達矢さん主宰の「無名塾」の塾生募集に出会う。

「最初に耳にタコができるくらい言われたのは、ちゃんと挨拶をすること。それから先輩を立てることでした」

やがて撮影現場で強く意識するようになったのは、共演相手の俳優はもちろん、裏方のスタッフを含めた関係者への敬意だった。

「いい舞台を作ってもらえたら、役者はスタッフと真剣勝負をしないといけないんです。そこで本気で立ち向かえたなら、ようやく仲間にしてもらえると僕は思っています。そういう仲間意識をみんなに持ってもらえるよう頑張ろうと思ってきました」

役が決まったら、もちろん事前に役作りをする。台本を読み、スタッフの集めた資料にも目を通すが、自分で本を見つけたり、インターネットで検索したりすることもある。

「でも、実際にセットに入ると、そうか、こういう人だったのか、と気づかされることが多いんです。例えば家具の配置だったり、本棚に置かれている本だったり、灰皿の盛り方だったり。監督やスタッフは、そこまで想像してセットを作ってくれている。それまで自分で考えていた役の色がちょっと変わって見えてくる。その瞬間が僕は好きなんです」

映画賞を総ナメにした俳優。ここまでのことを、考えているのである。

TRUE STRENGTH

044

答えは必ず自分の中にある。
だから徹底的に調べる。

水野 学

クリエイティブディレクター

熊本県のキャラクター「くまモン」の生みの親。多くの企業のクリエイティブを手がけ、相模鉄道では車両のデザインと監修も担当。絵を描くのが得意で美術大学に進み、卒業後は大手広告代理店に就職できるものだと勝手に思い込んでいた。ところが、就職活動で惨敗。決まったのは、小さな広告制作プロダクションだった。だが、1年経たずに辞めてしまう。

「時代もあったんだと思いますが、とにかく猛烈に忙しかった」

見つけた転職先は、デザイン界では有名な会社。ここも1年足らずで退社。さらに忙しかったからだ。25歳で失業。時間があるうちに、とヨーロッパ旅行に出て、帰国後はハローワークに通った。それ以外は日がな1日、よく書店で過ごした。貧しい日々を送った。

「唯一の支えは、活躍し始めた友人たちの存在でした。あいつらがやれるんだから、自分にもやれるはずだ、と言い聞かせて」

小さな仕事が次につながっていき、猛烈に働いた。意識していたのは、常に本質を見ること。美しいだけのデザインを作っても意味がない。大事なことは、目的を達成すること。

「広告でも商品でも、何かを作ろうとするとき、市場を調査しがちです。でも、そこには答えはないんです。答えは必ず自分の中にある。だから徹底的に調べる。オリジン、原点に立ち戻るんです。例えば、享保元年に創業した中川政七商店には、３００年前の看板に戻しませんか、と提案しました。それが、らしさ、を生むからです」

デザインは問題を解決するためのツールと語った。デザイナーがこう語ることに凄みがある。

TRUE STRENGTH

045

佐藤浩市

俳優

気づいてくれる人は、
気づいてくれる。
そういうときは、
本当にうれしい。

父は名優・三國連太郎。だが、幼い頃に両親は離婚。以来、母のもとで育てられ、自らは中学で家を出てアパート暮らしを始めた。母と自分を捨てた父親への不信は長く尾を引き、反抗を公の場で口にしたこともある。だが、負のエネルギーだけでは目の前の坂を上りきれないことにやがて気づく。それを少しずつコントロールできるようになってから、次々とチャンスが訪れるようになった。さまざまな役をリアルに演じる日本を代表する俳優の一人になる。

「人間というものがきちんと出ている役は面白いですね。人が生きていくのって大変じゃないですか。それこそ、誰もが本音で生きたら社会は崩壊してしまう。だから、人はいろいろなところで耐え、苦しみ、もがいているわけですよね。上っ面なんかじゃ、とても生きてはいけない。僕はそういう苦しさや弱さに興味があるし、そこをしっかり見つめないといけないと思っているんです。〝人間のようなもの〟じゃない、人間を演じたいんです」

役をもらうと、台本の表面に出ている部分だけでなく、内面をえぐろうとする。表面をカモフラージュしようとしている裏の心まで踏み込んで考える。

「見ている10人中、８人は気づかなくていいと思っています。２人が気づいてくれればいい。そのくらいの表現ができれば、といつも考えています。10人が気づいたら裏の顔にならないし、10人とも気づかなかったら表現にならないですから、難しいですけどね。でも、気づいてくれる人は、気づいてくれる。そういうときは、本当にうれしい」

インタビューで気づいたのは、その語彙の豊富さと表現のうまさ。一流の理由が垣間見えた。

TRUE STRENGTH

046

宮（宮崎駿）さんとは、
最初からとにかく
ウマが合いました。

鈴木敏夫

スタジオジブリ プロデューサー

名作を次々に世に送り出してきたプロデューサー。インタビュー中、気になってしょうがなかったのが、鈴木さんの後ろのガラスの棚に入っていた金色のトロフィーだった。もしやこれは、アカデミー賞の……。いやしかし、こんな無防備にあるはずがない……。

などと思いながら、取材後に聞いてみると本物だった。しかも「手に取ります？」「写真撮ります？」と……。両手にアカデミーのトロフィーを手にした写真は、私の宝物になった。

宮崎駿さんとの出会いは、徳間書店で『アニメージュ』の編集をしていた時代、アニメファンの高校生に教わったのだという。すごい作品を作っている人がいる、と。

「宮（宮崎駿）さんとは、最初からとにかくウマが合いました。気がついたら延々と2人でしゃべってた。一緒に仕事ができたら楽しいだろうな、と。世に出る可能性とか、そんなことは全く考えませんでした」

映画の仕事をするようになったのも、実はシンプルな話だった。

「僕はもともとものぐさでしてね。雑誌で他人の作品を取り上げなきゃいけないのが面倒で（笑）。自分たちで作品を作って、それをネタに本ができたらラクだな、と」

それで生まれたのが『風の谷のナウシカ』だった。

「プロデューサーとして作品をヒットさせるコツは、実はシンプルです。まじめに作品を理解し、その内容を見てもらいたい人にちゃんと伝える。これだけです」

そして、こう語っていた。みんなこれをちゃんとやっているのかな、と。

TRUE STRENGTH

047

とにかく売り込めばいいと思っていたんです。これがいけなかった。

小出伸一

セールスフォース・ドットコム会長兼社長

日本ＩＢＭを経てソフトバンクテレコム役員から副社長に。49歳で日本ヒューレット・パッカード社長に就任。２０１４年からセールスフォース・ドットコムに転じた。

社会に出たのは、アメリカで初めてパソコンが出た年。ＩＢＭでの1年半の研修では全員成績が出て順位も発表された。1位になり、最もいい顧客を担当できることになった。

「ただ、一番いいお客さまというのは、イコール簡単ではないお客さま、なんですね（笑）。おかげで僕は一番で卒業したのに、３年間、1人だけいつも目標達成ができませんでした」

どうして営業としてうまくいかなかったのか。研修で一番になり、同期で誰よりも製品知識があって、コンピュータにも詳しくなったのに、だ。

「僕はとにかく売り込めばいいと思っていたんです。これがいけなかった」

転機は3年目。顧客のアドバイスだった。そろそろ考え方を変えたらどうだ。相手が何を買いたいか、何に悩んでいるかを聞いて初めて興味の対象がわかる。視点を変えろ、と。

営業活動を大転換して徹底して動き、翌年、その顧客の大型システムをすべてＩＢＭにひっくり返す提案に成功する。4年目に世界ナンバーワンの売り上げを作ることになった。

「このスタイルを徹底しました。入り込んでお話をお伺いして、課題を自分なりに考えて、解決するための提案を繰り返していく。何度も何度も。そうするとやがて、お客さまのほうから、だったらこういうシステムを提案してくれ、という声が上がるんです」

大胆に間違えた。だから、そこからの気づきもまた、大胆だったのだ。

TRUE STRENGTH

048

松平 健

俳優

乱れた暮らしなんてしていれば、すぐにそういう人間の顔になる。

徳川吉宗、武蔵坊弁慶、大石内蔵助……。錚々たる顔ぶれを数多く演じてきた。だが、常に主役クラスを演じるからには責任を負う覚悟が必要になる。

「勧善懲悪のストーリーでは、主役には〝爽やかさ〟が求められると思っています。でも、それは演技力だけでは出せないんです。肉体的にも毎日しっかり鍛えておかないといけない。もっと言うと、普段の生活が問われてくるんです。乱れた暮らしなんてしていれば、すぐにそういう人間の顔になる」

教えてくれたのは、師匠の勝新太郎さんだった。貧しい家庭に生まれ育ち、工業高校を中退。寿司職人の見習いをしているときに観た映画が運命を変える。主演の石原裕次郎さんに憧れ、上京。八百屋で住み込みの店員をしながら劇団に通っていたが、勝さんに会う機会を得る。東京に来て、3年が経っていた。付き人をしながら演技を学ぶが、なかなか役をもらえなかった。そんな中、ようやく出会ったのが、『暴れん坊将軍』の将軍役だった。

「『自分の器を小さく見積もるな』ということだったのかもしれません」

アドバイスもほとんどしない勝さんの数少ない指導のひとつが、将軍らしく遊べ、だった。主役に抜擢された後、安い居酒屋で飲んでいると、激しく叱責された。

「将軍役なんだから、もっといいところで遊べ！　安い店に行っていると、それが演技に出る。借金してでも高級店で飲め、と」

3カ月で終わる予定だった番組は、実に26年も続くことになった。

TRUE STRENGTH

049

自分がひとつ上のポジションにいたらどう考えるか、とシミュレーションしていました。

高岡浩三

元ネスレ日本社長

日本有数のマーケッターとして、「キットカット」受験キャンペーンや「ネスカフェアンバサダー」などネスカフェの新しいビジネスモデルを構築。２０１４年には日本マーケティング大賞を受賞している。生え抜き社員として２０１０年から10年間、社長を務めた。

「私は、いつも自分が担当している部署以外の事業についても、よく考えていました。いつ頃からか忘れましたが、自分がひとつ上のポジションにいたらどう考えるか、とシミュレーションしていました。それが思考のトレーニングになっていたんだと思います。だから、どんなテーマについて上司に聞かれても、いつも答えが用意してあった」

10年にわたって右肩下がりになっていた「ネスカフェ」のビジネスについて問われたとき、インスタントコーヒーの難しさを伝えた。ここから、プロフェッショナルが堂々と使える「ネスカフェ」を作れば、一気にイメージが変わるだろう、と考えた。

「マーケティングは経営そのものだと思っています。お客さまとお客さまが抱えている問題を特定し、その問題のソリューションを作ることがマーケティングです。このときお客さまというと営業部門にとっては消費者ですが、間接部門にとっては社内の各セクションなんですね。社外でも社内でも、お客さまがいて、その人たちの課題を解決する。そのためには、すべての人がマーケティングをしないといけない」

ホワイトカラーは考える仕事をしていない、と語っていた。やっているのはほとんど作業。考える時間を増やすだけで、思考力は雪だるま式に高まっていく、と。

TRUE STRENGTH

050

本当にそうなのか。
どうしてそうなのか。
常に、この2つを
突き詰めていく。

日色 保
日本マクドナルド社長兼CEO

新卒で入社したジョンソン・エンド・ジョンソン日本法人で、地方拠点の営業職からスタート。後に歴代最年少で社長に就任した。2018年に日本マクドナルドに転じた。

「経営に不可欠な視点は、極論すると2つしかないと思っています。本当にそうなのか。どうしてそうなのか。常にこの2つを問い、突き詰めていく。すると、だいたいの問題について答えは見えてきます」

何かを考えたり検討するにあたっては、さまざまな情報をインプットする。現場に出て、営業に同行し、顧客からの話を聞く。競合の動向を探る。グローバルの展開と比較する。刺激もあるし、驚きもある。そうやってインプットが増えてくると、だんだん思考の解像度が上がっていく。ぼやっとしか見えなかった細かな点が鮮明になっていく。すると、これだ、という突破口が見えてくる。

「僕の場合は、不要なノイズかもしれないな、と思う情報も含めてインプットします。とりあえず頭に入れる。思考を邪魔するのは、実はノイズではないと思うからです」

最も怖いのは、わかったつもりになること。ビジネスが理解できてくると、これってこういうことだろうな、と結論づけてしまいやすい。忙しい中で、早く問題を処理したい気持ちもある。しかし、ここに落とし穴がある。たとえ既視感のある問題でも、必ずゼロベースで「本当にそうなのか」「どうしてそうなのか」を突き詰めることが大事なのだ。すると、自分の仮説にも論理の破綻があることが見えてくる。

TRUE STRENGTH

051

野中郁次郎
一橋大学名誉教授

「アーネスト・ヘミングウェーの短編小説を毎日、読みなさい」

『失敗の本質』などの名著を持つ日本の経営学の重鎮。教養をテーマにした取材だったが、話は意外なところから始まった。メーカーで働いた後、マーケティングを学ぶために米国カリフォルニア大学バークレー校経営大学院に学ぶが、指導教官はこう言ったという。

「アーネスト・ヘミングウェーの短編小説を毎日、読みなさい」

読んで驚いたのは、文章が形容詞も副詞もほとんど使わず、簡潔に書かれていたこと。物事の本質を洞察し、考えて考え抜いて言葉にしていたこと。

「シンプルにする、とは、最小の言語で最大の意味を作ること。このとき、物事の意味を徹底的に掘り下げて本質を極める、という知の方法論を私は体得したのです」

かつての旧制高校で集中的に教えたのは、外国語と哲学だった。デカンショ節は、当時の学生たちが好んで学んだデカルト、カント、ショーペンハウエルの略だという説もあるほどだ。

「旧制高校で教えていたのは、まさに『リベラルアーツ』だったんです。そしてここから、たくさんの優秀な経営者が出てきました」

戦後、アメリカ教育が入り、形式化がどんどん進んだ。経営も変わった。ＰＤＣＡという言葉はすっかり一般化したが、最初に必要なのは「直感」だという。

「最初から論理ではない。そして直感とはすなわち『主観』のことで、主観とは生き方そのものです。今、求められているのは主観。そしてそれをもたらす、教養なんです」

直感すら、実は教養がもたらしている。もっともっと勉強しなければいけない。

第4章

苦況をいかに乗り越えるか

OVERCOME

052

苦労や試練に直面したときは、
自分は幸運だ、と思えばいい。

稲盛和夫

京セラ名誉会長

苦労の連続だった。中学受験に失敗。結核を患い、空襲によってすべてを失い、ようやく故郷・鹿児島の地元大学に入ったと思ったら、不況で就職すらままならなかった。ようやく入った会社は大変なボロ会社で、まさに今につぶれそうだった。会社は赤字、労働争議は頻発。給与は遅配。同期入社した大卒5人は次々に辞めていった。

「私の人生はどうして何をやってもうまくいかないのか、と思い悩みました。しかし、もう不平不満をぶつける相手もいない。そこで私は一人になって、考え方を変えたんです。いつまでも世間を恨んでいても仕方がない。希望を捨てないで、すばらしい未来があると信じて仕事に打ち込んでみよう、と」

とにかく研究に没頭しようと決めた。満足な実験装置もなかったが、頑張れと自分を励まし、寮からなべ、かま、布団、七輪まで研究室に持ち込んで、朝から晩まで実験三昧の日々を送った。すると、素晴らしい実験結果が出るようになった。

「人生の命運を分けたのは、運不運ではなく、心の持ちようだったのです」

もし就職がうまくいっていたらどうだったか。それなりに頑張ったかもしれない。でも、これほどは頑張らなかっただろう。今ほど納得のいく人生が送れなかったかもしれない。

「豊かな時代は自ら苦労に飛び込まないといけない。だから試練に遭ったときには、むしろ幸運だと思ったらいいんです。その意味は年をとってから必ずわかります」

若い頃の苦労は買ってでもしろ、という言葉がある。それは真実だと、私自身も強く思う。

OVERCOME

053

まさかがあるのが人生。自分の知らない自分は必ずいるんです。

野村克也

元プロ野球監督

プロ野球選手として、監督として輝かしい実績を残した。しかし、野球人生のスタートは南海ホークスのテスト生からだった。1年目が終わったとき、解雇通知を受けた。

「もう絶望の淵でした。合宿所の窓もない3畳の部屋でね、将来を考えると不安でした。でも可能性はゼロではないはずだと思った。試合がダメなら練習で見てもらうしかない。以降、練習の時間がアピールの場になりました。グラウンドの外も勝負でした」

　合宿所の庭で誰かが２００回素振りをしていたら、４００回素振りをした。人の倍のトレーニングをしようと決めた。一軍なんて雲をつかむような話。しかし、努力は天才に勝ると信じるしかなかった。基礎は単純なトレーニングの繰り返し。力のある選手は器用な人が多いから、単純作業の継続は苦痛。そこにチャンスがあった。

「何でもそうですが、基本がマスターできていないと、応用はできません。そのときにしっかりと基礎をつくれていたことで、応用という次の段階に進むことができたんです」

　努力が実を結び、少しずつ少しずつ、結果が出ていった。

「自分には自分の知らない自分がある、という言葉を、私は野球を通して実感しました。まさかまさかの連続でしたから。でも、まさかがあるのが人生。自分の知らない自分は必ずいるんです」

　実は野村さんの故郷と私の故郷はすぐそば。「おぉ、豊岡高校か。練習試合で行ったなぁ」なんて話もさせてもらった。静かな語り口の、なんとも魅力的な紳士だった。

OVERCOME

054

映画もアニメも主人公は落ちこぼれ。だからその活躍に社会は共感するんです。

谷尻 誠

建築家

東京の高層ビル、虎ノ門ヒルズに映画『ブレードランナー』を彷彿とさせる「虎ノ門横丁」を作ってしまった。アパレルと飲食店とホテルの3つの機能を組み合わせた新業態のホテル「hotel koe tokyo」も彼の仕業。驚くようなアイデアを次々に生み出してきた。

建築家の多くは大学を出て、著名な建築家の事務所に入り、独立していく。しかし、谷尻さんはそうではない。専門学校を出た後に建売住宅を手がける設計会社に就職。その後、転職を経てフリーランスになった。

駆け出しの頃は、建築の仕事だけでは食べられず、学生時代にアルバイトしていた焼鳥屋で働いたりしていた。しかし、友人の死をきっかけに自分のできることを精一杯やってみようと考えるようになった。自分らしさを貫き、少しずつブレイクが始まった。

「最初は建築雑誌を読み漁り、そういう世界を追いかけたんですが、これは自分のプレースタイルじゃないぞ、と」

自分にしかできない建築の仕事があるはずだ、と思うようになっていった。

勉強はできなかった。家が裕福ではなかった。一人親に育てられた。かつてはコンプレックスに感じていたが、これも武器になると気づいた。

「きっかけは、映画もアニメも主人公は落ちこぼれだったことです。落ちこぼれが活躍するから社会は共感して涙するし、仲間も増えるんです。コンプレックスは武器にしてしまえばいい」

ダメだと思えることは、個性に置き換えてしまえばいい。勇気の出る、言葉だった。

OVERCOME

055

古森重隆

元富士フイルムホールディングス会長兼ＣＥＯ

トップは「真剣の勝負」であり、ナンバーツー以下は、「竹刀の勝負」である。

デジタルカメラの普及は、写真フィルムが不要になっていくことを意味していた。社長に就任した2000年、業界1位のシェアを持っていた写真フィルム市場はピークを迎えた。その後、縮小を始めると、徐々に加速し、ついには年率20〜30%もの勢いで猛烈に収縮していくことになった。そして10年後には、世界の総需要は、かつての10分の1以下にまで落ち込んでしまう。

カラーフィルムなど写真感光材料は、富士フイルムの売り上げの6割、利益の3分の2を占めていた。その市場のほとんどが、あっという間に消失したのである。その衝撃が、会社にとってどれほど凄まじいものだったか。

ところが2007年、富士フイルムは史上最高の業績を記録する。大なたを振るった改革を牽引したのが、古森さんだった。インタビューは大変な迫力だった。

「私がよく話すのは、トップは『真剣の勝負』であり、ナンバーツー以下は、『竹刀の勝負』だということだ。

真剣での勝負は、負けイコール死を意味する。失敗から学ぶ余裕すらない。経営トップは、自分が負けたら会社は負けなのだ。自分も終わるけれど会社も傷つく。だから、失敗は絶対に許されない。勝つ方法を必死で考える必要がある」

社長になったからには、そういう姿勢で臨まなければならない、と古森さんは語っていた。間違えるのが人間だ、などと言っているようでは、経営者は務まらないのだ、と。

OVERCOME

056

20代では、転職どころか最初の職にもつけませんでした。

齋藤 孝

明治大学教授

テレビのコメンテーターとしてもお馴染み。ベストセラーとなった書籍も数多い。ところが実は苦しい時代があった。東京大学で博士課程を終えてから、しばらく定職につけなかったのだ。

「20代では、転職どころか最初の職にもつけませんでした。これは本当に苦しかった。つらかった。絶対、10倍にしてお返ししてやる、と思っていました」

インタビューしたのは、『声に出して読みたい日本語』がベストセラーになった頃。

「『本が売れて良かったですね』などと言われることがありますが、まだまだ勘弁してやらないですよ(笑)。もっともっと仕事をさせてもらわないと、あのときの借りは返せない。そのくらい苦しい時代でした」

齋藤さんはそんな状況になっても、「いつかはやってやるぞ」と、みんなに言いまくっていたという。自分はこんなものではない、という意識も強かった。そう言えるだけの勉強もしていた。質の高さだけでなく、量も追っていた。日本でこれ以上勉強しているヤツはいないだろう、くらいの勉強をした。

「そんな毎日を支えていたのは、こういう教育をいずれやるんだという志だったと思います。サッカー日本代表で、自分のためでなく、日本のために頑張ろうという思いが頑張りにつながると発言した選手がいましたが、あれと同じです」

志やビジョンがあれば、頑張れる。そして志は、人を、仕事を惹きつけるのだ。

OVERCOME

057

仕事が面白くない？当たり前ですよ。

田原総一朗

ジャーナリスト

挫折とコンプレックスの連続。人生をこう形容した。作家になる夢を学生時代にあきらめ、ジャーナリストを志そうとしたら主立ったテレビ局や新聞9社に落ちた。フリーになって、仕事の現場で干されたこともある。だからこそ、いろんなことが見えた。

「就職が決まって企業に入ったら、職場が面白くないとまず思うでしょうね。よほど変わった人じゃない限り、そう思うはずです。それは当たり前なんです。なぜかというと、自分は無知だから。企業のことも仕事のことも、よくわかっていない。なのに、面白いはずがないんですよ」

野球のやり方を知らないから、野球を楽しめないのと同じ。楽しいと思えるには、2、3年はかかると思ったほうがいい。だから、田原さんはこう勧める。

「職場を楽しくしようと考えることです。自分にとって。さらには、まわりのみんなにとって。みんなが楽しめるような努力をしていけば、必ず認められる。そして、そういう意識でいれば、自分は本当はどんな仕事がしたいのかがだんだんわかってくるんです」

だから、仕事を始めてみて、違ったと思ったとしても3年はやってみてほしいという。違うと思いながらも3年間一生懸命やっていれば、おそらくやりたい仕事の近くにいける。そういうものなのだ、と。

辞めることは悪くない。でも、嫌だと思って辞めるのはよくない。それは、やりたいことが見つからないまま辞めることだから。これでは、間違いなく失敗する。

OVERCOME

058

成功している人たちはみな思い入れが強い。

渡辺 明

棋士

アマ5段だった父に教えられ、将棋を始めたのは小学1年生のとき。小学生将棋名人戦を小学校4年生で優勝。プロ棋士を目指したのは、自然な流れだった。やがてタイトルホルダーに。若い棋士も次々に現れるのが将棋の世界。30代でどう戦うのかを聞いた。

「スポーツもそうですが、年齢を重ねていくと、基本的にどんなプロでも成績は落ちていきます。どれくらい今を長持ちさせられるか。何歳くらいまで同じポジションでいられるか。どんな力があれば、その年齢なりに戦えるか。どう立ち向かっていくのか。長所、短所を冷静に分析して、それをどう生かしていくか、しっかり考えていかないといけない」

徹底した事前準備と研究が渡辺さんの若い頃のストロングポイントだったが、研究は若い時代こそが深くなる。だから、年代によって、ステージを変えていく必要がある。

「自分のスタイルを変えるのも、変えないのも選択です。ただ、実際にはプロ棋士は本人にしかわからないような微妙な変化を絶対にしていると思います」

将棋は激烈な競争の世界だ。では、才能というものをどう捉えているのか。

「難しい質問ですね。熱意、というのも少し違うような気はしていますが、成功している人たちはみな思い入れが強いですよね。ただ、熱意を持つにしても持たないにしても、自分の意思かどうかは重要だと思います。本当に自分の力が発揮できる場所にいるのか、熱意が持てる仕事をしているのか。それは自分の意思で変えることができることだからです」

しっかりした意思なしに、大きな仕事は成し遂げられない。それは間違いない。

OVERCOME

059

何よりも大切なのは、
自分を信じること。

内藤剛志

俳優

高視聴率番組を次々に担う超売れっ子俳優。大学在学中から映画の自主制作に加わり、俳優に。20代から売れたが、30歳を過ぎた頃から、急に仕事が減っていった。次々に新しい才能が入って来るのが芸能界。主役級は限られた人数しか必要がない。

「やっと来た仕事の台本をもらうと、めくってもめくっても自分のセリフが出てこない。そんなことが増えていきました。俳優として大きな転機になったのは、このときですね」

初めて技術を磨こうと思った。感情を伝えるには技術が必要なのだ。だから、ありとあらゆる仕事を受けた。どんな役でもよかった。そして世の中に溢れるもののすべてを、演じることの参考にした。辞めようとは思わなかった。大事なのは、意識だった。妙な自信が自分の中にあった。不安とは、うまく付き合った。

「これでいいのか、と常に客観的に自分を見られない人は、成長が止まってしまう。不安を持つというのは、客観的に自分を見られているということです」

失敗も同じ。失敗しない人生なんてない。絶対に失敗する。問われるのは、その後、どうするか、ということ。覚悟すべきはそのこと。失敗しても、ちゃんと戻れる。

「僕が何より大事にしてほしいのは、自分を信じることです。人にはすごい可能性があるんだ、と。結局、確実なものなんて何ひとつないんです。できないことなんてないと思う」

それでももし心配になったら、思い出してほしい、と語っていた。これまでちゃんと生きてきたことを。大丈夫。きっとやれるから、と。

OVERCOME

060

自分というものが存在する理由が、きっとどこかにあると僕は思っているんです。

太田 光

お笑いタレント

テレビ・ラジオのレギュラー番組多数。政治家をゲストに迎えるなど、お笑いの枠を超えたユニークな番組づくりでも注目を集めてきた。著書もベストセラーに。読書家であることは、芸能界ではよく知られている。好きな作家はカート・ヴォネガット。妻が代表を務める所属事務所の名前はヴォネガットの作品『タイタンの妖女』から取った。

幼い頃から物語を読むことが好きで、感受性の強い時代にアクの強い作家から大きな影響を受けた。本音で本気で生きていくこと。内省的な性格は高校卒業後に反動で爆発、コンビを組んだ爆笑問題はブレイク。ところが、独立を機に3年ほどほぼ仕事を失う。

再起のきっかけは、プライドを捨て、自分たちを追い抜こうとしていた後輩の若手芸人たちに混じって新人演芸大賞に出たこと。これで大賞を獲得する。

「ああ、クリーンヒットじゃなくてボテボテのゴロでもいいんだと思ったんです。これで吹っ切れた。今も若手によく言われます。普通なら口に出しては言わないようなことまで、よく言えますね、と。でも、もう言わずにはいられなくなっちゃってるんですよ」

とにかく打席に立つことが大事なのだ。

「いつも必死なんですよ。一度も安定したことなんかない。必死であがいてきた」

実は綱渡りのような状況の中で、危ない橋を渡ろうとしてきたのだ。

「自分というものが存在する理由が、きっとどこかにあると僕は思っているんです」

だから、それを利用してもらえればいいのだ、と。

OVERCOME

061

石黒 浩
大阪大学教授

どれだけの広さの世界で、
存在価値を出したいか。
それが広いのなら、
苦しみに挑む価値はある。

骨格に沿って走る肌のライン、皮膚の質感や色、目の輝き……。研究室で驚かされたのは、人間そっくりのアンドロイド。本当は絵描きになりたかったが、その決断ができなかった。研究者として生きていくにも、覚悟が必要だった。将来、食べていける保証はない。自分がどこまで通用するかもわからない。路頭に迷う覚悟、死ぬ覚悟での選択だった。

「博士号は取れましたが、偶然でしたね（笑）。研究なんて狙ってできるものじゃないんです。それこそノイローゼになるくらいに考えて、アイデアはようやく出る」

1年半、何のアイデアも出なかった。ところが、ある日突然、パッと浮かんだ。

「苦しかった。でも、だからこそ、人と違ったことができるわけです。普通の努力で出てくるわけがない。努力がなければもちろんダメだけど、ただ単純に努力してもダメです」

努力すれば報われる、というのは、誰かが答えを知っている話を指示通りにやっている場合に限ってのこと、と語った。そうでない挑戦をするからこそ、成功すれば果実がある。

「僕はアイデアを考える自分が夢に出るくらいまで考えていました。つらいですよ、それは。でも、僕には持論があるんです。ずっと楽しいことばかりだったら、楽しいことなんてない、と。苦しいことがあるから、楽しいこともあるんです。そして、苦しみが大きいほど、その後の成功も大きい。どれだけの広さの世界で、存在価値を出したいか。それが広いのなら、苦しみに挑む価値はあると思う」

苦しみを避けるべきではない。大きな成功は、その先に待ち構えているのだ。

OVERCOME

062

香取慎吾

タレント

生きるって、大変じゃないですか。だから、大変さを避けて行っちゃうと、やっぱり面白くないと思うんです。

SMAP結成時、11歳。メンバーの中では最年少。SMAPでの活動は28年にわたった。さらにグループとしての活動の他、俳優や司会者としても才能を発揮する。インタビュー時、いい仕事をするためのヒントを聞きたいと尋ねると、こんな返答が返ってきた。

「自分の意見を言ったほうがいいですね。ちょっとずつ、僕は言うようになりました。みんながうなずいた瞬間に自分もうなずいて、でも家に帰ったら、やっぱり違うんじゃないか、と思ったこともあって。でも、言ったほうがやっぱり自分の行動が変わりますよね。若いときはあまり言えないけど、もっと早くから言えていたら違っただろうな、と最近思います。それによって失敗することもあるかもしれませんが、気持ちはすっきりします」

10代の頃から、スターとしての日常を送ってきた。過ごしてきた人生から、どんなことを感じていたのか。それは、意外な言葉だった。

「生きるって、大変じゃないですか。だから、大変さを避けて行っちゃうと、やっぱり面白くないと思うんです。実際には、避けようとしても、避けられないですけど。大変なこと、辛いこと、苦しいこと、どんどんやってきますから。だから、そこから逃げずに行く。全部、勝て、ということでもないけど、少しは向かっていかないと。それは面白いことだ、と思ったほうがいいですよね。僕だって、大変なこと、たくさんあるんですよ。そうは見えないかもしれませんけど（笑）。僕も必死に生きてます」

スターも必死に生きている。スターにはスターの大変さがあるのだ。

OVERCOME
063

失敗というのは面白くて、
学ぶことができるんです。

ジェームズ・ダイソン

ダイソン創業者
兼チーフデザイナー

とても掃除機とは思えない斬新なデザインと、サイクロン（遠心分離式）という新技術で、家電の世界に旋風を巻き起こしたダイソン。ドライヤー、扇風機など、画期的なプロダクト開発の指揮を執ってきたのが、創業者のジェームズ・ダイソンさんだ。

イギリスに生まれ、王立美術大学で工業デザインとエンジニアリングを学んだ。在学中に友人の会社に入って事業は大成功するが、７年で自ら会社を離れ、独立。挑んだのが、紙パックを使用せず、吸引力が衰えない遠心分離技術〝デュアルサイクロンテクノロジー〟の開発だった。原点は自らが使っていた既存の掃除機への不満。そして、度重なる挫折、５０００台以上の試作品づくりの末に、新技術の開発に成功する。１９９３年にダイソンを設立すると、発売からわずか1年半でイギリスのベストセラー掃除機に。ただ、開発は失敗の連続だった。

「うまくいかないことばかりなんです。でも、だからこそ、どうすれば改良できるか、を考える。思えば、私の人生は失敗の連続でした。失敗ばかりだったんです。でも、失敗というのは面白くて、学ぶことができるんですね。そこから、どうしようか、と考えることができる」

成功からは人は学べない、とダイソンさん。

「むしろ、たまに成功すると、後で必ず失敗が待ち構えていたりする（笑）。私は不可能を可能にしたいんです。だから、不可能と言われていることを常に探している。そうすると、失敗はもう当たり前なんです」

失敗を恐れている場合ではない。新しいことをやろうとすれば、失敗は当たり前なのだ。

OVERCOME

064

強者や裕福な人は
自分を守れる。
守れない人のために、
弁護士はあるんです。

宇都宮健児
弁護士

弁護士であり、政治活動家。日本弁護士連合会の会長も務めた。社会派弁護士として真っ先に名前が挙がる人物であり、多重債務問題の第一人者だが、そのきっかけは意外なものだった。司法試験に合格、24歳で弁護士事務所に入った。これでもう自動的に食べられると思った。

「私には顧客獲得能力というものが、完全に欠けていたんです。田舎で育ってストレートに生きてきましたから、人生経験が少ない。都会の社会もよくわからない。社会性がなかった」

独立するのに必要な顧客基盤を作れない。スケジュール帳は真っ白。7年目、31歳で事務所から引導を渡される。1年待ってもらったが、給料まで減らされた。

あきらめて次の事務所を探しに向かった弁護士会で、転機のきっかけをつかむ。折しもサラ金問題が社会問題になり始めた時期。債務者が押しかけていたが、当時は貸金業規制法もなく一般法律相談扱い。受任義務もないため、たらい回しされていた。

「それで困った弁護士会の職員が、私のことを思い出したわけです。暇そうな若い弁護士がいたなぁ、やってくれるんじゃないかなぁ、と」

相談者は疲れ果てていた。報酬は少なかったが、やりがいを感じた。困っている人を助け、喜ばれたからだ。だが、事態は想像以上に深刻だった。規制法の立法運動にもつながっていく。

「そもそも社会的弱者の味方になるのが、弁護士の本分だと私は思っているんです。強者や裕福な人は自分を守れる。守れない人のために、弁護士はあるんです」

落ちこぼれ弁護士は、やがて日本で最も有名な弁護士の一人になった。

OVERCOME

065

行動してみる前に考えても無駄です。行動して、考えて修正すればいい。

柳井 正

ファーストリテイリング社長

1973年に前身である家業を継ぎ、1984年にカジュアル衣料品店「ユニクロ」1号店を出店。30年足らずで、世界に展開するグローバル企業へと成長させた。そのスタートは、逆境からだった。

「24歳で家業を継いだとき、私との意見の衝突で、7人いた店員が1人を残して全員辞めてしまったんです。経営者としてはいきなりの大失敗ですが、結果的に商売に関しては自分で全部経験することができた。販売、人の管理、仕入れ、返品、経理……。この体験が大きかった」

20代、30代は目の前の経営で精一杯だった。将来のビジョンなんて描けなかった。

「失敗もたくさんしました。でも、致命的にならない限り失敗はしてもいいと思っていました。やってみないとわからない。行動してみる前に考えても無駄です。行動して、考えて修正すればいい。それが人生だし、それが商売だと思っているんです」

もともと商売には向いていない性格だと語っていた。ただ、商売にずっと携わってきてわかったのは、向き不向きではなく、これだと思う仕事を一生継続することの大切さだ。

「ほとんどの人が目標もないのに毎日どっちの方向に行っていいのかわからずに努力している。これでは駄目です」

自分で決めてもいいし、周囲から教えてもらってもいい。一生かかって何をしたいのか、目標を明確にすること。結論はこれだという方向を決めて取り組む。継続して取り組む。だから目標は、できるだけ早くあったほうがいいのだ。

第5章

ビジネスで成功する人は何が違うのか

SUCCESS

066

佐藤可士和

クリエイティブディレクター

これはどうして
カッコいいんだろう。
何がそう思わせるのか。
いつも探ろうとしています。

ユニクロ、楽天など大企業のクリエイティブディレクションから、アートワークまで多彩な活躍をする。私はさまざまなメディアで取材をし、書籍『佐藤可士和の打ち合わせ』のブックライターも務めたが、最も印象に残っているのは、この話。なぜ次々とヒットが生み出せるのか、ストレートに聞いたときの返答だった。

「例えば、カッコいい商品に出会ったら、やっぱり考えるんですね。これはどうしてカッコいいんだろう。何がそう思わせるのだろうか、と。そこには、ちゃんと理由があるんです。売れている秘密は何か。どんなものでも、いつも探ろうとしています。それはとても面白いことなんです。僕にとっては、趣味みたいなものかもしれない」

もともと考えることが好きだった。なんとなくわかったような気持ちでいるのは嫌。これはどういうことなのか、理解したかった。博報堂で広告づくりに携わり、数々の賞を受賞したが、何かが違うような気がしていた。そして10年経ち、答えが見えた。

「ある飲料メーカーに、商品開発から手伝ってほしいと言われたんです。パッケージもネーミングも味も、そしてもちろん広告も。このとき、自分のやりたいことがわかった。僕が求めていたのは、デザインを最上位概念に置くことだったんです。デザインがあって、アウトプットしてプロダクトや空間、映像、広告がある。この形こそ、自分の形だ、と」

独立後にやることが、はっきりイメージできた。考え抜いた末の、結果だった。

SUCCESS

067

利益や効率を持続できる
唯一の方法は、
正しいことをすることです。

ハワード・シュルツ

元スターバックス コーヒー
カンパニーCEO

「不可能だ」と言われたコーヒーチェーンの世界展開を成功させ、さらには再生も成し遂げた名経営者に日本で、そしてアメリカ・シアトル本社でインタビューをすることができた。通訳を介しての日本での取材が終わると、「いいインタビューだった。シアトルで会おう」と右手を差し出されたことは、今も記憶に残っている。

なぜスターバックスは成功したのか。小さなコーヒーショップを世界的なブランドにしたいと宣言したとき、信じる人は少なかった。しかし、価値は認められると信じていた。

さらに年平均成長率が49％にまで達した株式公開後、クオリティ低下からブランドを毀損したスターバックスを復活に導く。ＣＥＯに復帰すると、1万人が集まるリーダー会議をハリケーンで被災した地で開き、累計5万時間のボランティア活動も行った。

「ブランドは愛されなければなりません。そのためには、まず従業員が会社を愛していないと始まらない。それが大きな力を生み出します。最も大事なのは、現場の愛なのです」

東日本大震災の翌年、被災地域で働く従業員40名が集まる小さな食事会に、サプライズで訪れた。歓喜の声と涙の中で、一人ひとりと握手を交わした。

「企業は利益や効率を常に求めています。しかし、私の経験から言えばそれを持続できる唯一の方法は、正しいことをすることです」

そうすれば、人材が来てくれる。顧客が支持してくれる。勇気を持って正しいことをしよう。彼は言っていた。それが、誰もにプラスを生むのだ、と。

SUCCESS

068

そういえば、ここ10年で
自宅の布団で寝たのは
十数回しかないなぁ。

山海嘉之
サイバーダインCEO、筑波大学教授

装着する人の「意思」を感知して立ち座りや歩行動作をアシストする画期的な「ロボットスーツＨＡＬ」。大学発ベンチャーとして、この自律動作支援ロボットを考案し、実用化に不可欠な数々の要素技術を開拓した。取材したのは、まだ上場前だった。

「たしかに忙しいですが、僕はそんなにクレイジーじゃないと思っているんですけどね（笑）。睡眠時間は短いですが。今日も朝6時に寝て、仮眠を取ってすぐに来ましたが、ラボではよくあること。みんなはこれをカミングスーンと呼んでいます（笑）。

そういえば、ここ10年で自宅の布団で寝たのは十数回しかないかな。ほとんど床か、ソファー。何のために家があるのか、よくわからないなぁ（笑）。あと、研究となると時間を忘れてしまうことは多々あります。40分のつもりが、2時間経っていた、とか（笑）」

人間が大きな力を出すとき、2つのパターンがあるという。追い込まれてギリギリで出る力。そして好きでたまらなくて出る力。どうせ力を出すなら後者だろう。なぜなら、やってもやっても疲れないから。

「世の中、先行きは誰にもわかりません。だからこそ、好きな気持ちを大事にすべき。それはきっと結果につながる。人には、ある種の思い切りの良さが必要なんです。僕は今、未来の社会や人類に思いをはせて生きています。でも、もし次に生まれるなら、誰かひとりの人のためだけに生きる人生も送ってみたい。ただ、それは次の人生にお預けします」

一度、走り始めたらガンガン走り込むのがいい。とにかく一途に走り込むことだ。

SUCCESS

069

御立尚資

元ボストン コンサルティング グループ日本代表

タクシーの運転手さんに偉そうな口をきく人間にはかなり怒ります。

ボストン コンサルティング グループ（ＢＣＧ）では、日本代表のみならず、グローバル全体の経営判断を行う経営会議メンバーに日本人として初めて選任された。ＢＣＧに移る前の前職は、日本航空。仕事は現場から始まった。空港カウンター、さらにはアシスタントパーサーとして機内サービスにも従事した。

「現場をやらせてもらったのは、ものすごく大きな意味がありました。もともとサラリーマンには向いていないと自分で思っているような新入社員だったわけです。現場から始まったから、素直に会社にいられたと思うんです」

キャビンアテンダントの世界は華やかに見えるが、実は時差もあって厳しい。サービス自体も勉強になったが、乗客から学べることも多かった。例えば、ファーストクラスでサービスをすると、本物感のある人がわかった。

「自分のタイトルが自分の存在証明になっていて、サービスをする人間に対してひどい態度を取る人がいる。その一方で、社会的に高い地位にあるのに、我々のような人間にも、ものすごくちゃんと接してくださる方もいる。若いコンサルタントとタクシーに乗ったとき運転手さんに偉そうな口をきく人間にはかなり怒ります。普段は声を荒らげるようなことはないんですが、そういうときは真剣に怒るんです。こんなことをしていたら、どこまで行っても半人前にしかなれないぞ、と」

後に本社の経営企画に移るが、現場経験があったからこそ、やるべきことがわかった。

SUCCESS

070

特定のユーザーがすごく欲しがる商品をしっかり出すことこそ、一番のマーケティング。

佐々木大輔

freee CEO

２０１９年12月に上場したクラウド会計サービスｆｒｅｅｅ。私は設立２年目の２０１４年にインタビューする機会を得ていた。佐々木さんの前職はグーグル。創業準備をしていた頃、周囲からはやめたほうがいい、と言われたという。

　ターゲットは年商１億円以下の中小企業。ところがここには会計ソフトの強力なライバルがいた。誰もが反対したのは、対抗できる販売力が新興企業にはないからだ。使い慣れたソフトから乗り換えてもらうこと自体、至難の業だと思われた。

「利用者に会計ソフトの不満点を聞いても、なかなか出てこない。あえて言えば『入力を早くしたい』くらい。でも、我々が作ったのは『入力不要』なサービス。自動車が出始めた頃、馬車の利用者に自動車の魅力が伝えきれなかったように、いくら安くて便利とうたっても受け入れてもらえないと思った。だからビジネスを始めたばかりとか、これから始める人にとってのスタンダードになればと考えたんです」

　実際、思いきった手に出た。当初は対応ブラウザをグーグルクロームに絞り込んだことで開発を早め、ＩＴリテラシーの高い人に顧客を絞り込んだのだ。これが功を奏してネットを介してクチコミで一気に拡大する。

「特定のユーザーがすごく欲しがる商品をしっかり出すことこそ、一番のマーケティングだと改めて思いました」

　そして、一度起きた流れは誰にも止められなかった。馬車は自動車になった。

SUCCESS

071

社長である私自身が、量販店の売り場に立って販売するのは、当社では当たり前でした。

松田憲幸

ソースネクスト社長

インターネット経由でＡＩを使い74言語を驚くほどの精度で翻訳。通信キャリアとの面倒な契約も必要ない。新機能の字幕も話題になっている。明石家さんまさんのＣＭキャンペーンで一気に広まったＡＩ通訳機「ポケトーク」が大ヒットしたソースネクスト。１９９６年設立当初からＰＣソフト会社として成長したが、その背景には、独自のこだわりがあった。

「社長である私自身が、量販店の売り場に立って販売するのは、当社では当たり前でした。むしろ私は喜んで店頭に立っていました。お客さまの生の声をうかがうためです」

そしてもうひとつの強烈なこだわりがパッケージやネーミングだ。

「同業他社は開発に鎬を削っていましたが、お客さまから選んでもらうポイントはまず中身よりも『見た目』にある、と考えたからです」

なんとネーミングやパッケージデザインを担うデザイナーを、創業当初に役員待遇で迎えているのだ。また、ソフトの世界では、小売店に製品を置いてもらうときには卸を通すのが常識だが、15年以上も前に、小売店との直接取引に踏み出した。

「売り場を自分たちで演出できないうえ、実売データも入ってこないからです。こんなことをした会社は、後にも先にも、パソコンソフト業界では私たちしかいません」

そして何より驚いたのは、社長自身がアメリカのシリコンバレーに移住してしまったこと。日本に本社があるのに、だ。しかし、だから最前線の製品や情報が手に入れられた。突き抜けたことをやる会社は、やはり突き抜けたことをやっているのである。

SUCCESS

072

むしろ、厳しい環境に身を置いたほうがいい。

糸井重里

ほぼ日社長

１９８０年代以降、コピーライターとして数々の名作を残し、日本のトップクリエイターとして時代を牽引してきた。１９９８年には、ウェブサイト「ほぼ日」を開設。２０１７年に株式上場を果たした。幾度も取材しているが、強く印象に残っているのが成長をテーマにした話。成長を加速させるのは、理不尽さに直面することだというのだ。

「簡単には受け入れられないことや認められないことにぶつかる。思ってみないところで足元をすくわれたり。ひどい上司を持つということもそう。大きな無力感に襲われたり」

糸井さんはこんな例え話をしていた。岩場や砂地のような環境の厳しい場所では、植物は必死になって根を伸ばす。細かな根っこが綿のように生えてきたりする。ところが、環境のいい森の中にいたりすると、浅くて太い根だけになって、風が吹いたらバタっと倒れてしまったりする。

「むしろ厳しい環境に身を置いたほうがいい。たくさんトライできて、失敗できるところにあえて行く。その勇気が違いを生むと思いますね」

必要なのは、機会なのだ。たくさんの機会が得られたら、やはり成長できる。

「あとは本気になることです。そういう人は毎日、努力してる。筋肉がつかないよ、と文句言っている人は、だいたい毎日やってない。5分だけでいいのに。でも、難しいですよね、5分。この5分を作れるかどうかが、本気度だと思うんです」

人と同じことをして、人と違う結果が出るはずがない。結果には、必ず原因があるのだ。

SUCCESS

073

自分に限界をつくったら
ダメなんです。
その瞬間に、
自分の成長は止まる。

藤森義明

元LIXILグループCEO

名経営者と言われたジャック・ウェルチがアメリカの名門企業GEを率いていた時代、本社で30万人企業の頂点に立つ執行役員会議メンバーの一人となり、50歳にして上級副社長を務めた。アジア人としては、初めてのことだった。

総合商社、日商岩井からカーネギーメロン大学に留学。これが転機となる。

「最も大きかったのは、やっぱり世界にはすごい奴らがいると知ったこと。東大なんか出てると、ちょっと日本じゃチヤホヤされたりするわけです」

そんな自信は簡単に吹き飛んだ。いつか、この連中と戦ってみたいという気持ちがGEへの転身につながった。そして、抜擢に次ぐ抜擢で昇進を続け、副社長に上り詰める。

「副社長になりたいとか、出世したいとか、たくさん給料が欲しいとか、そういうことを考えたことはまったくないですね。それは自分がやってきたことへの報酬であっても、目標にはなりえない」

ポストが目的ではないから、出世競争で胃が痛くなるようなストレスとも無縁だった。モチベーションの源泉は、どれだけ自分の潜在力を試せるか、ということ。

「そもそも自分に限界をつくったらダメなんです。その瞬間に、自分の成長は止まる」

一番すごいところで、一番難しいところで、自分をチャレンジさせられるようなところで、自分を磨く。その中で自分を強くし、伸ばしていくのだ。

勇気を持ってほしい、と語っていた。自信というのは、チャレンジから生まれるのだ、と。

SUCCESS

074

竹中平蔵

慶應義塾大学名誉教授

仕事とは本来、フロンティアであることが前提でしょう。

大学教授から政治の世界へ。何度かインタビューしているが、最も印象深いのは、金融担当大臣就任時。金融庁にあった広々とした大臣室での取材。滑らかな口調で、若いビジネスパーソンへのメッセージをもらった。もっと勉強すること。もっと努力すること。

「そもそも会社に入ってから勉強するのは、当たり前なんですよ。ところが日本では、当たり前でない状況が、それほど長い期間ではないけれど、20〜30年間続くことになった。一度会社に入ってしまえば、定年まで勉強もせずに安泰だなんて、そもそもありえない話です」

そんなありえない話が日本では一部の大企業で信じられてしまった。だが、安泰神話の崩壊は、社会を大きく揺るがせることになる。そのトラウマから、なかなか社会全体が抜け出せていない可能性がある。

「本来、仕事というのはフロンティアであることが前提でしょう。何もないところに、新しいものを作る。そんなフロンティアであるべき仕事が安定した場であるなんて、ありえない。でも、日本も大きく変わり始めています」

それはおそらく大人の世代よりも、若い人たちのほうが、余程わかっているのではないか、と竹中さんは語っていた。

「直感で、肌で感じる感覚として、フロンティアとしての仕事を、みなさんはきっと捉えているし、求めていると思います」

新しいものを作ろうという動きが、もっともっと出てきてほしい。

SUCCESS

075

三木谷浩史

楽天グループ会長

まわりの雑音は気にしなかった。
とにかく自分の頭で
考えることに徹したんです。

１９９７年にスタートした楽天は、今や日本を代表する企業になった。三木谷さんには創業時から何度も取材しているが、改めて強く感じるのは、新しいことに挑む勇気の大切さだ。

「僕が楽天のビジネスプランを考えたとき、日本にショッピングモールの成功例はありませんでした。海外にもなかった。でも、ネットビジネスの成功例はあった。だから、その違いを深く踏み込んで、いろんな角度から考えた。まわりの雑音は気にしませんでした。とにかく自分の頭で考えることに徹したんです」

日本興業銀行を辞めるとき、「大企業を辞めたら地獄に落ちる」と言われたという。しかし、そんなことはまったくなかった。重要なことは本質を見極めようとする姿勢であり、本当に潜むリスクをしっかりと見つめるべきだということだ。こんなことも語っていた。

「野球界にプロ野球選手がいるように、ビジネスの世界で仕事をする以上、僕たちはプロビジネス選手でなければならないと思っています。みんなそれなりの報酬を得ているんですから」

自覚を持ち、目標を持ち、問題意識を持ち、向上心を持って過ごす必要がある。実績を出すためにトレーニングが重要なのはいうまでもない。

「また、野球選手が野球を好きなように、プロビジネス選手はビジネスが好きでないといけない。楽天の社員はよく働きますが、それはみんな仕事を楽しんでいるから。僕も同じです。仕事は僕にとって、最高のエンターテインメントなんです」

自分の頭で考えることは、かつて以上に大事になってきている。

SUCCESS

076

原 昭彦

成城石井社長

一つひとつの商品には、きちんとストーリーがあるんです。

この10年で店舗数は3倍、年商は2倍になったスーパーがある。絶好調の業績をコロナ前から続けている成城石井だ。モノがなかなか買ってもらえない時代に、なぜこのスーパーには、顧客が集まるのか。それは、成城石井でしか買えない商品がずらりと並ぶから。輸入商材、隠れた名品、地方の名産品はじめ、独自商材が極めて多い。そして原さんへの取材で驚いたのは、チーズ、バター、生ハムなどなど、商品にまつわる興味深いエピソードが次々に出てきたことだ。

「バイヤーをやっていましたから。成城石井の一つひとつの商品には、きちんとストーリーがあるんです。それこそ今は、野菜にしても肉や魚にしても、ブランド商品ができていますよね。関サバ、なんてものもそうですが、昔はそんな名称はありませんでした。だから、おいしいものに出会ったときは、海流やらエサやら、おいしい理由をきちんと聞いて、そこから理解して、お客さまに伝えていく必要があったんです」

大事なことは生産者が一生懸命に作っていると、しっかり理解すること。

「成城石井の商品は値段が高い、と言われることがあります。ただ、ストーリーをきちんとお伝えして、そこまでこだわっている生産者がいて、その気持ちを理解してこだわって売ろうとする私たちがいて、それでも本当に高いでしょうか、ということは問うてみたいんです。成城石井のお客さまは、それをよくご理解くださっているのだと思っています」

そしてこういうプロセスを一つひとつ積み上げて商品が増えていき、今の成城石井がある。売れているのには、きちんと理由があるのだ。

SUCCESS

077

上野金太郎

メルセデス・ベンツ日本社長兼CEO

時計を早回しするように、次の事態を予想する。

日本の輸入車のブランド別販売台数で、6年連続首位に立つのがメルセデス・ベンツ。この成長を牽引しているのが、２０１２年に日本人として初めて日本法人の社長に就任した上野さん。アウトレット専門店をつくって中古車販売を伸ばし、レンタカービジネスにも参入して利用者数は前年の3倍になっている。ドイツ本国にはない独自戦略を展開している。

「父が会社を経営するのを見ていて、いいときばかりじゃなく辛いときのほうがむしろ多いことは痛感していました。だから、僕がよく言うのは、『会社員は会社に行けばお金がもらえるんだから恵まれている』という点です」

きちんと仕事をしている人こそ、このありがたさに気づくと、給料分の働きをしようといっそう成果にこだわる。そしてリーダーは、メンバー全員に気づかせてあげないといけない。

「人間が一人でできることには限界があるから、チームワークは極めて重要です。チームワークを高めるには、こうするんだ、こうなるんだ、という目標をしっかり描いて共有することが大切だと思っています」

とはいえ、旗を振ってもまわりがついてこないこともある。だから心掛けていることがある。

「時計を早回しするように次の事態を予想することです。次はこうなって、ああなって……と常に考えていく」

成功するまでやり遂げるためにも、何よりリーダーは時計を高速回転させて次の手を考え続けないといけないのだ。どんなことがあっても。

SUCCESS

078

松本 大

マネックスグループ会長

そんなお金に負けた人生は、僕には耐えられない。

数十億円を捨てた男、とも呼ばれていた。マネックス証券の設立前、勤務していたのはゴールドマン・サックス証券。30歳の若さで当時、史上最年少のゼネラル・パートナーに抜擢された。就任から4年、会社がニューヨーク証券取引所に上場することになった。ところがその半年前に退職を決めたのだ。パートナーには上場プレミアム報酬があると言われていた。同僚からは「インセイン！（正気じゃない）」が連発された。

「逃げたんですよ。巨額のお金を手にしちゃうと、人間としてダメになってしまうから。杞憂だったかもしれないけど、確信はなかった。もし、負けたとしたら悔しいじゃないですか。たかだかお金ごときに魂を奪われて。懸命に生きなくなり、モノを考えなくなり、仕事もしなくなる。そんなくだらない生活に陥ることは、僕には耐えられないことでした。そんな人生、生きててもしょうがないでしょ？」

もうひとつ、密着取材で驚いたことがあった。創業時からオフィスの一角に飾られている神棚に、毎朝必ず礼拝していたこと。

「うまくいくと、ついつい自分の存在を過大評価してしまう。その瞬間にダメになる。金融マンとして、常にマーケットに生かしてもらっているのだ、という姿勢は忘れてはならない。勘違いしたら終わりだぞ、と。それを確認するための儀式なんです」

神頼みをしているのではない。何かを畏れる気持ちを常に持つという意味で、礼拝は欠かせないものになっていたのだ。

SUCCESS

079

佐野陽光
クックパッド創業者

優れたモノは無言語なんです。

インターネット黎明期の1997年に設立。インターネットが今ほど当たり前でなかった時代に、ユーザーから高い支持を得たのは、徹底したユーザー目線だった。私が取材したのは、株式上場前で、急成長が始まるタイミングだったが、ネットビジネスのみならず、モノづくりにおいても、日本に圧倒的に足りない視点だと強く感じたのを覚えている。

「安易にユーザーに行為を求めたり、説明やマニュアルを読んでください、FAQをご参照ください、みたいなことが、僕は大嫌いなんです。きれいなページが作りたいのか、機能はほとんどFAQやヘルプを見てください、なんてウェブサイトもありますが、許し難いですね」

佐野さんの好きな言葉に、〝優れたドアノブは押せばいいか引けばいいかがすぐにわかる〟がある。いくら美しいドアノブでも、押す、引く、などと書かれたものは信用できないと考える。ユーザビリティやユーザーインターフェースに致命的な欠陥があるということだ。

「優れたモノは、無言語なんです。説明が必要なサービスというのは、やはりレベルが低い。いくら美しくても、ここをつかんでください、なんて書かれたコップを使わないでしょう。美しさを重視したから説明ありで我慢しろ、こっちが大変だから説明させろ、というのは極めて傲慢な考え方なんです。何も説明なしで機能が果たせる。それを目指さなければいけない」

世界を席巻しているアップル製品をイメージしてみれば、それはよくわかる。マーケットがグローバルになり、言語が問われなくなれば、なおさらだ。だが、日本はまだまだ突き抜けられない。デザインやユーザビリティに関する考え方は、遅れていると自覚する必要がある。

SUCCESS

080

宮村浩気

カリスマ美容師、エターナル社長

個の力も大事だけれど、ブランドはみんなで創るものです。

藤原紀香さんの「紀香ヘア」「紀香メイク」などを手がけたカリスマ美容師が宮村さん。美容室「ＡＦＬＯＡＴ」をはじめ直営店、ＦＣ店を合わせて約30店舗を展開している。厳しい競争でも知られる業界だが、創業20年を過ぎても成長を続ける。

初めて店を訪れた人は、みな驚く。店内には活気が溢れているからだ。どの時間帯も賑わい、レセプションもアシスタントもスタイリストも、目をキラキラさせ、笑顔で楽しそうに仕事に向かっている。お店には、心地良い空気が漂う。

「これは僕自身がずっと感じていたことでしたが、一人では何もできないんです。まわりの人たちの協力があってこそ仕事はできる。個の力も大事だけれど、ブランドはみんなで創るものです。だから周囲に感謝しないといけない。スタッフを大切にしないといけない」

店内では、いつもありがとう、という言葉が日常的に飛び交う。

「お客さまを気遣うのは当たり前のことですが、それは一緒に働く仲間にできてこそ、だと思うんです」

宮村さんが、売り上げを伸ばせ、などということは絶対にない。それよりも、スタッフに任せている。任せ切っている。逆に、お店が混雑してしまい、来店客の迷惑になる可能性が高くなるので、売り上げは伸ばしすぎないでくれ、と言っている。

いい風土があると、みんなに会社愛が生まれるという。その上で任せ切ると、完全に自分ごとになる。やらされているのではなく、自分がやらないと、という意識になるのだ。

SUCCESS

081

スキルの成長よりも、
心の成長のほうが、
もっと大事なんです。

岩田松雄

元スターバックス コーヒー ジャパンCEO

キャリアのスタートは日産自動車。留学を経て、ザボディショップやスターバックス コーヒー ジャパンの経営トップで成果を出した。20代から社長になることを考えていたという。

「社長がどんな仕事なのか、当時はわかっていませんでした。ただ、そういう大きな目標があったので、自分にそのときどきの小さな目標を作り、クリアしていくことができたと思っています」

日産自動車では、販売店に出向して自動車のセールスをしたことがあった。トップセールスになって社長賞を目指す、という目標を作った。その後もビジネススクールへの留学など、いつも目標を立てていた。それを少しずつ経ていった先に、社長の仕事があった。

では、人が成長する、とはどういうことなのか。

「物事を見る視座が高まることと利他の気持ちを持つということだと思います。例えば、仕事を何のためにするのか。若いときは、欲しいものを買うため、素敵な家に住むため、など自分のため、なんですね。それがやがて家族のため、自分の所属する部署のため、会社のため、と大きくなっていく」

最後は社会のため、国のため、世界のため、と発想できるようになる。もちろん仕事のスキルや知識を習得する成長も大事だが、心の成長のほうがもっと大事なのだ。

「それこそが、本当の意味での成長だと思います」

目先のスキルだけを身につけても本当の成長にはならない。心の成長が問われるのだ。

SUCCESS

082

イタリアの優れた靴職人は、みなダンテを読んでいます。

松岡正剛

編集工学研究所所長、イシス編集学校校長

１９７０年代に伝説的雑誌『遊』を発刊、情報を独自のアプローチで〝編集〟する新しい知を提唱してきた知の巨人。『千夜千冊』エディションをはじめ、多くの書籍の執筆でも知られる。そんな松岡さんが、少数の経営幹部向けに開いていた、非公開の私塾について取材させてもらったことがあった。通しテーマは「ＡＩＤＡ（間）」。世界と日本、神と仏、心と身体、仕事と遊びなど、毎回設定されるテーマに沿って、開催場所も変わった。

「今は、『間』がわからなくなっている時代なんです。例えば、グローバルとローカルの間。世界と日本の間。その間をどのように結ぶべきなのか、わからなくなってしまった」

日本人は間を極めてうまく使ってきた。社会や人との間をうまくコントロールする技術や習慣、文化がたくさんあった。だからこそ、世界で稀な国が作れた。例えば、昔の家にはなぜ軒や庇や縁側があったのか。軒や庇や縁側は、必要な間だった。効率化の名のもとに排除され、リーダーたちにも伝えられてこなかった日本の本質がある。

「イタリアの優れた靴職人は、みなダンテを読んでいます。ダンテのどの章が好きかということと、靴を作ることは密接に関係している。でも、日本人は、源氏物語や徒然草のここが好きだ、という思いと、日常生活やビジネスとが関係のない社会を作ってしまった」

日本的なるものの中には、世界に通用する普遍性を十分に持ちうる方法が、まだまだたくさん潜んでいる、と松岡さんは語っていた。日本は自分たちの言葉で日本を語ることができないまま、グローバリズムの荒波に揉まれてしまった。日本についてもっと学ばなければいけない。

SUCCESS

083

夢と志は違う。それはもう衝撃でした。

孫 正義

ソフトバンク創業者

今や日本を代表する企業となったソフトバンク。創業者の孫正義さんは、「人生のテーマを何か書いてほしい」と言われると、唯一書く言葉がある。〝志高く〟。

この言葉の意味を教わったのが、恩師の野田一夫さんだった。南部靖之さんと野田さんのオフィスにいると、野田さんがこう2人に聞いた。

「孫君、南部君。君たちは〝志〟という言葉の意味を知っているか」

孫さんが、「なんとなくわかります」と答えると、「では〝志〟と〝夢〟の違いはわかるか」と聞かれた。違いを聞かれてドキッとした。似ているようだけれど、何だろう、と頭にクエスチョンマークが浮かんだ。すると、野田さんはこう語った。

「〝夢〟というのは、漠然とした個人の願望だ。車を買いたい、家を持ちたいといった夢はみんな、個々人の未来への願望。でも、その個々人の願望を遥かに超えて、多くの人々の夢、多くの人々の願望をかなえてやろうじゃないかという気概を〝志〟というんだ。夢は快い願望だが、志は厳しい未来への挑戦だ。だから、〝志〟と〝夢〟ではまったく次元が違うぞ。〝夢〟を追うなんて程度の男になってはいかん。〝志〟を高く持て」

孫さんはそのときのことをはっきり覚えていると語っていた。それはもう衝撃だった、と。事業は高い〝志〟を持ってやらなければいけない。自分の商売、自分の会社経営という個人的次元で終わってはいけない、と。

ソフトバンクが飽くなき挑戦を続けているのは、この〝志〟の高さゆえに他ならない。

第6章

本当の幸せをどうつかむか

HAPPINESS

084

こうすれば幸せになれるという〝正解〟はなくなった。

藤原和博
教育改革実践家

リクルートでの活躍を経て、初の民間校長になった。生き方から家づくり、教育まで、さまざまなメッセージを世の中に送り続けている。

そもそも日本人は、何かのゴールが待っていると思って、みんな走り続けている。それを藤原さんは、戦後社会に浸透した〝頑張る教〟と呼んでいた。頑張って勉強して、いい学校に入り、一流企業に就職する。給与と地位が上がり、少しくらいの理不尽は我慢すればクビになる心配はない。そして定年したら関連会社にでも天下り、引退後はのんびりして孫と遊び、盆栽を楽しみ、やがて死を迎える。しかし、もうこんな生き方はできなくなっている現実がある。こうすれば幸せになれる、という〝正解〟はなくなったのだ。

だから藤原さんがメッセージするのは、一仕事終えたら寿命が来た〝坂の上の雲〟世代ではなく、山を登っても寿命が来ず、新たな坂が現れる〝坂の上の坂〟世代の生き方をすることだ。

「人生に求められるのは、一山登るだけでなく、二山、三山と登ること。富士山型ではなく、八ヶ岳型。自分なりの連峰を、複線的に創りながら」

何かの熟練になるには1万時間はかかるという。逆にいえば、何かを1万時間やれば、熟練に達する。1日3時間なら10年で達成する。それを早くスタートさせておくことだ。

「会社という右足に重心をかけながら、一方で左足を意識しておく。その候補を３つでも４つでも常に持っておくこと。これを繰り返すんです」

候補のヒントは、好きなことをやってみること。時間のあるうちに始めることだ。

HAPPINESS

085

捨てられる前に、妻にあわせてみなさい。

渡辺淳一

作家

数々のベストセラーを書き残した作家が晩年、取り組んでいたテーマがあった。サラリーマンという職業に潜んでいた落とし穴だ。定年退職後はバラ色の第二の人生のはずが、待っていたのは生きがいのない虚しい人生と本当の孤独だった。

「やるべきことがない。何をしたらいいのか、わからない。今日はどこに行こうかと、毎日、朝から思い迷う。といって、どこにも出かけずに家にいると妻に嫌われる。ヒマだからあれやこれやが目について、つい口に出してしまうと家族から煙たがられる」

戦前までは高齢者は熟練した技術で生きた。しかし、熟練のサラリーマンというものはない。長寿の時代を迎え、何もすることがない孤独な男たちが増えた。

「自分はそんな存在にはならない、とほとんどの男は思っています。しかし、うまく対応できている男は極めて少ない。できるつもりが、まったくできなかったんです」

渡辺さんは著書『孤舟』を書くにあたり、数多く定年族に取材を重ねている。定年後について予測できている人はまずいなかった。孤独が待っていることに気づくのは、定年になってからなのだ。これは、定年世代と現役世代が断絶していることも大きい。

会社以外の人間関係を作っておく。そして大事なことは共同生活のパートナーとして一緒に暮らす訓練をしておく。捨てられる前に、妻にあわせてみることだ。

「あるべきなのは愛ではなく、親しみや安心感。いかにうまく、そこに移行できるかです」

若い頃から、その準備を始めておくことが大切になる。

HAPPINESS

086

誰かに憧れることは、
強い自発性を引き出します。

今村久美
NPOカタリバ代表

学校・放課後・地域・行政など、10代を取り巻くさまざまな環境に、新しい手法で働きかけているNPOカタリバ。社会人や大学生が高校生と対話することで子どもたちの心に火を灯すキャリア学習プログラム「カタリ場」から、不登校支援、子ども食堂、コラボスクール、被災地支援など、多岐にわたる活動を全国で展開している。

２００１年、慶應義塾大学在学中にカタリバを立ち上げたのが、今村さん。実は小学生の頃から、優等生であったことは一度もないと語った。地味で目立たず、成績が良かったわけでも、活発だったわけでもなかった。転機につながるのは、中学のときに先生に日記を褒められたこと。それまで認められる経験をあまりしていなかった。これが彼女を変える。

「中学のときに文章を褒められて、書くことが好きになっていたんです。高校でも作文などがあれば頑張って書いていた。そんなとき、ある国語の先生が褒めてくれて、また、光を当ててもらえたんです」

評価されれば、また書きたくなる。これが、ＡＯ入試への挑戦につながる。そして故郷の岐阜から慶應義塾大学ＳＦＣのキャンパス見学に出向いて、決定的な動機が作られていく。自分の中にこうなりたいというロールモデルが生まれたのだ。大事なことは、機会だった。

「誰かに憧れることは強い自発性を引き出します。それさえあれば、学校に通うことも、ボランティア活動をすることも、自らの意思で取り組めるはずなんです」

10代に〝機会〟を提供する活動が、こうして始まった。機会が、まだまだ足りないのだ。

HAPPINESS

087

人生の節々で、
師と思う方、
先生との出会いがあって。

草彅剛
タレント、俳優

平成を駆け抜けたスター、ＳＭＡＰの一員。稲垣吾郎さん、香取慎吾さんと連続してインタビューをする機会をもらい、こうなれば「新しい地図」の全員に取材できたらいいなぁ、と思っていたら本当に依頼をいただけた。一緒に舞台に出演することになっていた女優の小西真奈美さんとのお二人への同時インタビューだった。

ＳＭＡＰ時代から、高く評価されていたのが、俳優としての才能。それを見出されたことが、アイドル時代を通り過ぎてもなお、活躍できることにつながっている。

「僕の場合、つかこうへいさんもそうなんですけど、人生の節々で、師と思う方、先生との出会いがあって。心の中に何人もいるんです。そういう方がいてくれて、やってこられているのかな、と思っています」

つかさんは、不思議な方だったという。

「超能力を持ってたんじゃないかな。可愛がっていただいたんですが、その光って閃光していて。23歳のときに『お前はそういうの、あるよ』と言われた任侠ものにずっと後になって出ることになったり」

当時は全然わからず、「この人は何を言ってるんだろう」と思っていたという。

「でも、適当に言ってたんじゃないか、とも思ったりもして（笑）。それでもやっぱり、つかさんなんですよ。この出会いがいろんなところに導いてもらえたと思っています」

俳優としての能力に、ますます磨きがかかっている。

HAPPINESS

088

貧しい時代、日本人は
みんな笑い合って生きていた。
「足る」を知っていたからです。

藤原正彦
数学者

２００５年に刊行された『国家の品格』がミリオンセラーになった。父は新田次郎。母は藤原てい。文筆家を両親に持ったが、本人は数学者になった。

インタビューしたのは、八ヶ岳の別荘。「幸福な死に方」がテーマだった。

「僕の家族は、誰ひとり戦争で欠けずに帰ってきました。それだけで幸運だった。人生を振り返ってみても、あの頃がもっとも幸せだった時期のひとつです。お昼になるとＮＨＫの『のど自慢』をラジオで聞き、みんなで声を会わせて歌って、大笑いして」

貧しさと幸福には相関関係はない、と語った。欧米人は裕福こそが幸せで、貧しさはみじめで悲惨で屈辱的なことと考える。しかし、日本人は誰もそうは考えなかった。

「実は日本人は何千年もの間、みんな貧しい時代を過ごしていたんです。それでもみんな笑い合って生きていた。『足る』を知っていたからです」

１０００万円もの給料があるのに、２０００万円の給料をもらっている人が気になって仕方がない。向上心の名の下に、ストレスを抱えて馬車馬のように働いて、不満たらたらで死んでいく。日本人にはもともとそういう価値観はないのだという。

「グローバリズムや市場原理、アメリカ型の自由競争、勝ち抜いて裕福になってこそ幸せだ、と考えるのは日本人の感覚ではない。それよりも、家族の絆や、向こう三軒両隣と助け合い、みんなで和気藹々で生きていくことを大切にしていた。それで足りていたんです」

失ったものを、取り戻すときが来ている。

HAPPINESS

089

水木しげる

漫画家

貧乏だろうが何だろうが、
好きなことをやっていれば、
楽しい毎日が送れるんです。

『ゲゲゲの鬼太郎』『悪魔くん』『河童の三平』など、空前の大ヒット漫画を世に送り出した。その人生は、まさに波瀾万丈だった。太平洋戦争の召集令状が届いたのは、夜間中学3年の20歳の春。送られたのは、南方の激戦地ラバウルだった。

「おとなしくしてれば内地におれたかもしれなかったのに、水木さん（自分をこう呼ぶ）は訓練がきつくて生意気なことを言って。そのために激戦地に行かされてしまった。しかも、所属した分隊は全滅。水木さんは歩哨に立っていて、奇跡的に助かったんです」

夜間に敵が包囲していたのだ。軍靴の底が抜けたほどの逃避行。だが、マラリアを発症し、休んでいた陣営地が砲弾を受け、左腕を負傷。後に切断を余儀なくされる。復員後は、焼け野原の国で職を転々とする。

「将来のことなんて考えられなかった。頭にあったのは、食べ物のことだけでした」

漫画家になるも食うや食わずのギリギリの生活。にもかかわらず、原稿料が入ると「いつ次に入るかわからないから」と贅沢をした。好きなことには徹底的にのめり込んだ。

「水木さんは、ずっと楽しかったんですよ。だって、好きなことしかしていなかったんだから。昔はカネがなかったというだけです。それこそ今は、楽しいことだらけでしょう、世の中は。楽しいこと以外はやらなければいいんです。貧乏だろうが何だろうが、好きなことをやっていれば、楽しい毎日が送れるんです」

好きなこと以外には無関心になる。そんな大胆な生き方も、ある。

HAPPINESS

090

中井貴一

俳優

やんちゃで自分らしく
生きたほうが、
みんな面白く生きられる。

時にシニカル、時にコミカル。日本を代表する俳優は、映画スターを父に持った。大学在学中に映画デビュー。以後、話題の映画やドラマに次々に出演してきた。

「僕は父が交通事故死した37歳で、自分の人生も終わると本気で思っていたんです」

30歳からは、あと何年、とカウントダウンしながら生きた。それ以上の人生は考えなかった。だからこそ、アグレッシブに仕事に挑んだ。その37歳を過ぎ、ようやく自分の人生が始まる気持ちになった。決めたのは、守りに入らない生き方を貫くこと。中国映画への出演にも挑んだ。

「衝撃的な経験でした。日本では、どんな過酷な撮影現場でも水道をひねれば水は出るし、生活に必要なものは手に入る。でも、世界に出れば違うんですよ」

日本人は一人。歯を食いしばって乗り切るしかなかった。海外で外貨を稼ぐことがいかに大変かと知った。だが、この挑戦が実を結ぶ。作品を観た別の中国人監督からオファーを受けた。中国で知ったのは、与えられたチャンス一つひとつを無駄にせず、失敗を恐れずにチャレンジしていかなければ、大きな夢など持てないということだ。

「日本では、手に入れたものを手放すまいと、みんな必死になっている気がします。とにかく失敗だけはしまい、失敗したら終わりだ、とも思っている。でも、生きる価値は、豊かさだけにあるのではないと僕は思うんです。やんちゃで自分らしく生きたほうが、みんな面白く生きられるし、日本も面白い国になる」

五感すべてを使って生きようと語っていた。それが豊かさを、幸せを認識させてくれる、と。

HAPPINESS

091

渋沢栄一が銀行を作った当時、貯金は日本の文化に合っていない、と言われていたんです。

渋澤 健
コモンズ投信会長

近代日本経済の父といわれる渋沢栄一の玄孫としても知られる渋澤さん。世の中は変化していく、という話を強調されていたのをよく覚えている。

「私の先祖の渋沢栄一が１８７３年に銀行を作り、１８７５年に郵便貯金が始まった当時、貯金は日本の文化に合っていない、と言われていたんです」

それが今では、１０００兆円もの現預金を抱えることになった。日本人は変わったのだ。渋澤さんは父親の仕事の関係で、小学校2年から大学までアメリカで過ごした。帰国して国際ＮＧＯに就職するが、ビジネススクール留学をきっかけに金融の世界に入ることになる。ＪＰモルガン、ゴールドマン・サックス証券などを経て、ヘッジファンドの世界に飛び込んだ。

「このとき、ひとつ発見をするんです。私は金融機関というのは、大きな組織でなければできないと思っていました。ところが、ヘッジファンドはそうではなかった」

これがのちの独立へとつながっていき、仲間とファンドを立ち上げた。これがコモンズ投信。きっかけは、自分自身の体験だった。子どもが生まれ、成長したときのための資金を投資信託で運用することにしたのだ。長期投資なら、目先の市場の動きに一喜一憂しなくていい。

「金融は、いくら金利がつくか、という『機能』が何より求められましたが、これからの時代は変わっていくと思います。それだけでなく、自身の価値観において『意味』があることが大切になる。昔ながらのやり方だけでは、もう限界があるということです」

かつて日本人が変わったように、これからの資産づくりの考え方も、きっと変わっていく。

HAPPINESS

092

ないものを数えないで、あるものを数えなさい。

曽野綾子

作家

作家として数多くのベストセラーを上梓。加えて、日本財団の会長として、幅広く社会活動にも力を入れてきた。取材をしたのは、東日本大震災の半年後だった。

「あの震災で人生観が変わった、という人もいるようですが、私には驚くばかりです。そもそも現世は豹変するし、つまり『いつでも揺れる大地だ』というのが、私の基本的な考え方。あるものはいずれなくなるし、生者は必滅する。実際、そうなんですから」

どうしても信じられなかったというのが、「安心して暮らせる」という言葉。そんなものはあるはずがない。そういう言葉遣いをする政治家は、詐欺師だと思っていた、と。だから、２００本にのぼる飲料水と50本のカセットボンベを自宅に常備してきた。

「そもそも誰かが助けてくれるだろう、などとアテにしてはいけない。自分の身は自分で守らないと。もし、助けてもらえるようなことがあったら、タナボタだと思わないといけないんです」

かつて日本人は、爪に火を灯すようにしてお金を蓄えた。だが、今はそんな風潮はなくなった。他者に期待ばかりしている。だから、豊かになったのに、まるで幸せが実感できない。

「日本人は、幸せを感じるバーをあまりに上げすぎてしまったんです。私は問題家庭に育ち、失明の危機もあった。それでも絶望せずにいられたのは、もともとの幸せのバーが低いから。ないものを数えないで、あるものを数える人生を送ってきたからです」

日本に生まれただけで、どれほど多くのものを持っているか。真剣に見つめてみることだ。

HAPPINESS

093

数字に表れない価値を
もっとしっかり
見つめたほうがいい。

松井守男
画家

日本の美術大学に学び、フランス政府給費留学生として１９６７年にフランスに渡り、画家になった。芸術文化勲章、さらにはレジオン・ドヌール勲章という芸術家にとって最高の栄誉を２つも受章している。愛知万博では、フランスの公式画家に選出された。

50年以上にわたってフランスに暮らしていたが、新型コロナ問題で日本に長期滞在して感じたことがあったという。それは日本のビジネスパーソンが疲れ切っていること。フランスでは、ちょっとありえないような疲れ方をしていたこと。

「背景にあるのは、成功の定義の違いではないかと思うようになりました。日本はとにかく数字。売り上げ、利益、給料、貯金……。私はこれを『数字だけがものを言う資本主義』と呼んでいます。これを取り入れている代表的な国がアメリカです」

フランスは違う。資本主義だが、価値は多様。人生を、生活を、食事を、愛をこそ楽しむ。数字になど振り回されない。求めているのは感動であり、幸福感。お金がなくても、感動や幸せは追求できる。アートもそのひとつ。

「数字だけがものを言う資本主義の中にいると、数字が手に入らなければ、不幸だと思い込んでしまう。でも、すべての人が数字を手に入れられるわけではない。このままではどんどん疲弊し、摩耗し、不幸になる。数字に表れない価値をもっとしっかり見つめたほうがいい」

目の前の生活、家族、友達、食事、人生そのもの。それらを楽しむ。実はそれは、自分自身でできることである。

HAPPINESS

094

例えば、家に花を飾る。
そうすると、
花を飾るにふさわしい
空間ができる。

舘ひろし　俳優

芸能界でも屈指の伊達男。ダンディなライフスタイルの背景には、明確な時代分析があった。自分たちの世代は、いろいろな意味でラッキーだった、と。

「上の世代は、食べることで精一杯だった。でも、僕たちは食べ物は十分にあった。感性を磨くことと経済の成長がきちんとリンクしていた。物心両面の豊かさを求めていた」

ところが社会がシステマチックになり、かつては大事にされていた感受性や懐の深さのようなものが、どんどん失われていった。それが経済の行き詰まり感にもつながっていく。

「人間は弱くて危ういものだと思うんです。でも、社会は無言のうちに効率や完璧さを求めるようになっている。だから、みんなが息苦しくなる」

もっと遊ばないといけないのだ。それは不確実なもの、不安定なものを楽しいと思うこと。もっと大人が遊べば、四角四面の世の中に風穴が開く。変化やリスクを楽しんでこそ人生。欠けているものがあってこそ人ではないか、と。

「無駄に思えることを、もっとやってみるべきだと思うんです」

こうも語っていた。例えば、家に花を飾る。そうすると、花を飾るにふさわしい空間ができ、そこにゆとりが生まれる。

「一見無駄に見える〝遊び〟への飢えと感覚を、これからもずっと持ち続ければ、面白い人生を送れると思う」

大人世代こそ、こういう暮らしを得意としていたはず。もっと日々を楽しまないといけない。

HAPPINESS

095

堤清二＋辻井喬

元セゾングループ代表、詩人、作家

年を取ったらどうなるかな、
とは思いますが、
後悔はしていません、

父は滋賀から上京して事業を興し、西武鉄道、プリンスホテル、西武百貨店など巨大な西武グループの基盤を作りあげた。グループの流通部門を分離してセゾングループを立ち上げ、華やかな１９８０年代をリードしたのが堤さんだ。詩人、作家としても活躍した。私は晩年に「名家・名門」をテーマに取材をする機会を得た。国境を超えた幅広い交友に驚かされた。

「僕は、あまり計算ができないんですよ。欲がないというか、序列に興味がないというか。本当にそうだから、いろんな人が面白がってくれるんでしょうね。おまけに、怖いという感覚がないんです。新しい店を作りたいとなれば、経済界から恐れられていた大物右翼にだって、平気で電話しちゃうわけです。しかも、会ってもズケズケと物を言いますから、これまた逆に面白がられたりして。常識がないんでしょう。実際、変わった人にずいぶん愛されましたね（笑）」

　これから新しい名家・名門が生まれるとすれば、日本も含めたアジアからだろう、と語っていた。欧米に比べ、圧倒的な経済の成長潜在力を秘めているから。だが、経済性のみを追求してきた日本の経済人には、文化・芸術の教養があまりに足りない、と憂えていた。文化財団などへ私財を投じ、一貫して文化活動にこだわってきた人物でもあった。

「いわゆる創業者利潤みたいなものは、そうやってみんな使いました。私自身は寝るところがあればいいんです。夏はそんなに暑くなく、冬はそんなに寒くなく。先を見ないところもあって、年を取ったらどうなるかな、とは思いますが、後悔はしていません」

　少しでも世の中のために、と堤さんが残したものは数多い。思いに、応えなければいけない。

HAPPINESS
096

古賀稔彦

柔道家、バルセロナ五輪金メダリスト

一生懸命やっていれば、
最悪の結果が出たとしても
支えてくれる人がいる。

最も印象に残ったオリンピック金メダル、という人も少なくないのではないか。バルセロナ五輪で練習中に大ケガを負いながら、激闘の末に金メダルを獲得。実は伏線があった。その前のソウル五輪でも、優勝候補と言われながら、三回戦で敗退してしまったのだ。

「騒がれたことを、自分でマイナスのプレッシャーにしてしまいました。負けたらどうしよう、ひどく言われてしまうのではないか、と」

生まれて初めて試合を「怖い」と思った。敗退後、メディアの手のひらを返したような冷たい反応。自信を喪失し、人間不信にもなった。ところがその後、偶然見たテレビ番組に、自分が負けた試合の後、応援席でまわりに懸命に頭を下げる両親の姿が映っていた。

「私は一人で戦って、一人で負けたと思っていました。ところが違った。思い起こせば帰国後、通りすがりの人に『次は頑張って』と言われることも多かった」

あまりに世間という漠然としたものの目を気にし過ぎていた。身近で応援してくれている大切な人の存在が見えなくなっていた。

「それからですね。結果を恐れず、純粋に挑戦していこうと思うようになったのは。一生懸命やっていれば、最悪の結果が出たとしても支えてくれる人がいる」

バルセロナでケガをしたときも、焦りはなかった。金メダルを取れるだけのことをやってきた自信があったから。どんな結果が出るにしても、自分を信じられるだけのことをやってきたかどうか。それこそが悔いのない人生につながるのだ。

HAPPINESS

097

神様から、お前もなんかせい、と言われて人は生まれてきてるんやと思う。

笑福亭鶴瓶

落語家

6代目笑福亭松鶴さんに弟子入りしたのは、20歳のとき。関西でブレイクし、35歳で本格的に東京進出した。超売れっ子への取材は、今も忘れられないインタビューのひとつ。

「若いときを振り返ると、ポイントは2つあったと思ってます。ひとつは、生きていくうえでの基本をちゃんとするということです」

内弟子時代に結婚。私生活は安定していた。家をきれいにする、約束を守る、お礼の手紙を書く。こうした基本をきっちり続けた。

「あとは自分の型ができたこと。そしてそれにこだわり続けたことですね。あきらめずに自分を変えないで頑張っていると、ちゃんとだれかが見てくれてるもんなんです」

自分を忘れ、余計な計算で横にそれたりするとうまくいかない。あくまで自分のラインを貫くこと。そして、問われるのは日頃から。

「チャンスがくる前に、日常からきっちり準備をしておかないといけない」

今を喜び、大事にする。今を飛ばして先に起こる結果ばかり気にしたり、世の中の価値観で見過ぎてはいけない。

「別にゴールデンタイムみたいな仕事だけが偉いんやないんです。小さな世界でも、そこで必要とされることに意味がある。そこから始まっていくんですよ。神様から、お前もなんかせい、と言われて人は生まれてきてるんやと思う」

だから、自分を信じるべき。焦らなくていい。種をまいて、花が咲くのを待てばいい。

HAPPINESS

098

自分をワクワクさせるものを
知らない人生なんて、
寂しいじゃないですか。

山﨑拓巳
講演家

自己啓発の世界で、有名な人物。私はセミナーを実際に見て、インタビューを加えて、それを書籍にする、という仕事をすることになった。このときに衝撃を受けたのが、夢は知識である、という話だった。

山﨑さんは20歳のとき、あるセミナーに参加した。そこで求められたのが、夢を１００個、書き出してみること。面白いかもしれない。やってみようと思った。

「そして、びっくりしたのです。なぜなら、書けないからです。30個くらいは浮かぶのですが、それで頭打ち。そこから次の夢が出てきません」

この経験でわかったことがあったという。

「夢は知識だ、ということです。野球のイチローさんも、大リーグを知らなかったら、大リーグを目指すことはなかったはずです。そうすると、いまのイチローさんはなかった」

自分が身を置いているレベルには詳しい。しかし、ちょっとでも上を向いたなら、もう真っ白になってしまう。それは知識がないからだ。

「１００個書こうとすれば、知識がまるで足りない自分に気づくことができます。それによって、知ろうとする自分に出会える。自分をワクワクさせるものを知らない人生なんて、寂しいじゃないですか」

世の中には、実は自分を喜ばせてくれるような夢がたくさんあるのだ。ところが、それを知らないだけかもしれないのである。夢にもっと、アンテナを立てたほうがいい。

HAPPINESS

099

ダメなんですよ、
人に生かしてもらったら。
自分で生きなきゃ
ダメなんです。

養老孟司

解剖学者

３００万部を超えるベストセラーになった『バカの壁』をはじめ、数多くの著作がある。鎌倉のご自宅での取材は、最も記憶に残るインタビューのひとつ。聞かなければいけないのは、「Ｈｏｗ（どうすれば？）」ではない、という大きな気づきをもらった取材だった。

「今の若い人はなんだか不幸そうですね。結局、先の見えないところを一度も通ったことがないからだと思う」

中学、高校と校長先生がドイツ人だった。よく朝の訓辞で聞かされたのが、「勇気」という言葉。先が見えないときは、一歩を踏み出してみなさい、と。

「そもそも先のことなんか、だれにもわからないんです。どうなるかわからないけど、まずやってみよう。そういう気持ちが苦況を切り抜けるパワーをくれる。ところが若い人は発想をなかなか変えられません。年寄りの僕のほうが柔軟なくらいです」

人はいつ死ぬかわからない。あっという間に終わってしまう。だから、まず一生をどうやって生きていきたいか、からきちんと考え直したほうがいい、と語った。

「将来のことなら考えているという人もいるかもしれませんが、恐らく自分が予想できる未来です。大事なのは、予想どおりになんか、とてもいくわけがないと理解することです」

ああすればこうなると、固定化された図式にすぐはめたがる。しかし、そうはいかない。

「ダメなんですよ、人に生かしてもらったら。自分で生きなきゃダメなんです」

こうなるはず、にはならないのだ。必要なのは、こうする、なのである。

HAPPINESS

100

明日は誰にも保証されていない。

野田一夫

経営学者

今や日本を代表する企業となったソフトバンク創業者の孫正義さんが、師と仰ぐ人物。創業まもない頃、孫さんやパソナ創業者の南部靖之さんなどをサポートしていたのが、当時ニュービジネス協議会の理事長を務めていた野田一夫さんだった。

東大卒業後にスター教授となり、日本にピーター・ドラッカーを紹介。立教大学教授時代には観光学部を創り、多摩大学、宮城大学の初代学長を務めた。私は何度もインタビューする機会を得たが、忘れられない言葉をもらったのは、一緒に食事をしたときだった。

野田さんは私に新聞を読んでいるか、と尋ねた。読んでいると答えると、どこから読むか、と問われた。1面からだと答えると、僕は違う、と言われた。社会欄から読むのだ、と。

「どこどこの街で事故が起きて誰々が亡くなった。そんな小さなベタ記事があるだろう。そこから読むんだ。それには理由がある。いつなんどき、自分の名前がここに出ることになるのか、わからないということを思い出すために、だ」

ハッとさせられた。たしかに、そうなのである。そこに自分の名前が、また家族や友人、知人の名前が、出ないとはいえないのだ。

「人は当たり前のように明日のことを考える。でも、明日は誰にも保証されていない。もしかすると明日はないかもしれないと気づければ、今日を懸命に生きるようになる。そのことを改めて自分に思い知らせるために、社会欄から読むんだ。上阪君、君は今日を懸命に生きたか！」

衝撃だった。大事なのは今、この瞬間なのだ。今をこそ、大事にしないといけないのだ。

おわりに

本書の制作は、過去にインタビューしてきた膨大な量の記事と向き合うことから始まった。何しろ、３０００人以上にインタビューをさせてもらっているのだ。

今ではウェブサイトの記事も少なくないが、かつては雑誌が主流。当然のことだが、いくら大事に思った原稿だったとしても、掲載された雑誌のすべてを保管しておくことはできない。

私はものぐさで、片付けはとても苦手なのだが、溜まっていく一方の雑誌も、引っ越しをするとなれば、片付けをせざるを得なくなった。引っ越しのたび、私は分厚い雑誌の中から自分が書いたページを見つけると、カッターナイフで切り取って保管していた。

雑誌ごとにクリアファイルに無造作に入れられていた記事は、ぜんぶで段ボール一箱分にもなった。そこからどの記事をチョイスするのか、探していった。

一方、インタビューの中には書籍にまとめられたものもある。最初から書籍にするつもりで取材していた記事もあった。それらは２０１７年に引っ越しして以来4年間、ほとんど整理されていない本棚からなんとか探し出し、ページを開いてどの記事を選ぶのかを決めていった。

さらには１００冊以上になる、著者に代わって本を書いたブックライティングした書籍。ここからも数冊、本棚を眺めて選ばせてもらうことになった。

お恥ずかしいことだが、これほどまでに錚々たる方々に取材をしているのに、「あれ、この人って、インタビューしたことがあったんだっけ?」というものもあった。しかし、カッターナイフで切り抜かれているだけではない。ちゃんと私が書いた証である名前のクレジットが入っているのである。

人間の記憶というのは、本当におぼろげなものである。今回の１００人には入れられなかったが、中には「人間は必ず忘れてしまう生き物である」という鮮烈な話を残してくださった、早稲田大学の野口悠紀雄先生の記事もあった。

人類の歴史を紐解けば、そのほとんどをジャングルの中で過ごしていた。そこには、トラやらヘビやら毒ぐもやら、獰猛な生き物たちがたくさん棲んでいる。一瞬でも油断したら、ガブリ、とやられてしまうのだ。

だから、常に集中していられるよう、人間は脳のスペースを空けておくようになった。そのためにはいろんなことを忘れていくしかない。そうでなければ、脳のスペースを空けられず、ガブリ、なのである。忘れることは人間の本能なのだ、という話だった。

こんな大事で、極めて興味深い話を盛り込めなかったほどに、１００人のセレクトには頭を悩ませた。こんな面白く、忘れられない話を盛り込めないほどに、驚かされる言葉や話がたくさんあった。

私自身、素晴らしい人たちへのインタビューを通じて、たくさんの刺激を、学びを、幸せを得た。少しでも多くの方に、それをお伝えすることができたなら、幸いである。

最後になったが、掲載されているインタビュー、さらには掲載されなかったインタビューも含め、その機会を与えてくださったのは、私にお声がけをくださった、たくさんの出版社、編集者の皆さんである。この場を借りて、感謝申し上げたい。

そして何より、極めて貴重な時間をいただき、インタビューに応じてくださった、本当にたくさんの方々に感謝申し上げたい。皆さんのおかげで、私は本書を書き上げることができた。心から、御礼申し上げたい。

本書が、少しでも多くの方の人生の役に立てますことを。

２０２１年７月

上阪　徹

出典

第1章●やりたいことをどう見つけるか

００１（魚谷雅彦）ＩＳＳコンサルティング編『外資系トップの仕事力』ダイヤモンド社、２００６年
００２（浅田次郎）B-ing編集部編『プロ論。２』徳間書店、２００５年
００３（坂東眞理子）B-ing編集部編『プロ論。才能開花編』徳間文庫、２００８年
００４（成毛　眞）B-ing編集部編『プロ論。』徳間書店、２００４年
００５（秋元　康）B-ing編集部編『プロ論。』徳間書店、２００４年
００６（樋口泰行）ＩＳＳコンサルティング編『外資系トップの仕事力Ⅱ』ダイヤモンド社、２００８年
００７（出木場久征）『ITmedia ビジネスオンライン』（ウェブサイト）２０１４年６月27日、アイティメディア
００８（南部靖之）『週刊 B-ing』２００５年５月４・11日号、リクルート
００９（角田光代）B-ing編集部編『プロ論。２』徳間書店、２００５年
０１０（元榮太一郎）「現代の肖像」『ＡＥＲＡ』２０１５年11月23日号、朝日新聞出版
０１１（ジャスパー・チャン）ＩＳＳコンサルティング編『外資系トップの仕事力Ⅱ』ダイヤモンド社、２００８年
０１２（所ジョージ）B-ing編集部編『プロ論。情熱探訪編』徳間文庫、２００８年
０１３（香山リカ）『就職ジャーナル』２００８年８・９月号、リクルート
０１４（冨山和彦）『ゲーテ』２００７年11月号、幻冬舎

０１５（澤田貴司）上阪徹『職業、挑戦者』東洋経済新報社、２０２０年
０１６（藤田　晋）B-ing 編集部編『プロ論。３』徳間書店、２００６年
０１７（出口治明）『就職ジャーナル金融ビジネス読本』リクルート、２０１２年
０１８（出雲　充）『リクナビＮＥＸＴジャーナル』（ウェブサイト）２０１９年１月28日、リクルート
０１９（福山雅治）『週刊現代』２０１０年７月31日号、講談社
０２０（五木寛之）『週刊 B-ing』２００５年７月６日号、リクルート

第２章●運やチャンスをどうつかむか

０２１（稲垣吾郎）『リクナビＮＥＸＴジャーナル』（ウェブサイト）２０１９年７月２日、リクルート
０２２（石橋貴明）B-ing 編集部編『プロ論。』徳間書店、２００４年
０２３（北尾吉孝）B-ing 編集部編『プロ論。３』徳間書店、２００６年
０２４（勝俣州和）『リクナビＮＥＸＴジャーナル』（ウェブサイト）２０１８年８月８日、リクルート
０２５（リリー・フランキー）B-ing 編集部編『プロ論。２』徳間書店、２００５年
０２６（石井　裕）リクナビNEXT Tech 総研編『我らクレイジー☆エンジニア主義』中経の文庫、２０１０年
０２７（出井伸之）『就職ジャーナル』２００８年５・６月号、リクルート
０２８（髙田延彦）『就職ジャーナル』２００８年５・６月号、リクルート
０２９（森川　亮）「現代の肖像」『ＡＥＲＡ』２０１７年４月10日号、朝日新聞出版
０３０（遠藤憲一）『週刊現代』２０１０年４月10日号、講談社
０３１（古舘伊知郎）B-ing 編集部編『プロ論。』徳間書店、２００４年

０３２（熊谷正寿）『ゲーテ』２００７年６月号、幻冬舎
０３３（郷ひろみ）『週刊現代』２０１３年６月15日号、講談社
０３４（土屋恵一郎）「現代の肖像」『ＡＥＲＡ』２０１８年９月24日号、朝日新聞出版

第３章●真の力をいかに発揮するか

０３５（工藤公康）B-ing編集部編『プロ論。情熱探訪編』徳間文庫、２００８年
０３６（落合陽一）『週刊現代』２０１８年４月21日号、講談社
０３７（岸田周三）『就職ジャーナル』２００８年８・９月号、リクルート
０３８（キャシー松井）『就職ジャーナル金融ビジネス読本』リクルート、２０１５年
０３９（中川政七）「現代の肖像」『ＡＥＲＡ』２０１９年３月25日号、朝日新聞出版
０４０（筧　利夫）『就職ジャーナル』２００８年８・９月号、リクルート
０４１（中西宏明）中西宏明・冨山和彦『社長の条件』文藝春秋、２０１９年
０４２（為末　大）『伸びる！ノート術』（仕事の教科書 VOL.1）、学研プラス、２０１３年
０４３（役所広司）『週刊現代』２０１０年９月４日号、講談社
０４４（水野　学）「現代の肖像」『ＡＥＲＡ』２０１９年９月16日号、朝日新聞出版
０４５（佐藤浩市）『週刊現代』２０１０年12月25日号、講談社
０４６（鈴木敏夫）B-ing編集部編『プロ論。３』徳間書店、２００６年
０４７（小出伸一）ＩＳＳコンサルティング編『外資系トップの英語力』ダイヤモンド社、２０１１年
０４８（松平　健）『週刊現代』２０１３年１月19日号、講談社

０４９（高岡浩三）ＩＳＳコンサルティング編『外資系トップの思考力』ダイヤモンド社、２０１６年
０５０（日色　保）ＩＳＳコンサルティング編『外資系トップの思考力』ダイヤモンド社、２０１６年
０５１（野中郁次郎）『理念と経営』２０１９年８月号、コスモ教育出版

第4章●苦況をいかに乗り越えるか

０５２（稲盛和夫）『就職ジャーナル』（ウェブサイト）２００９年11月13日、リクルート
０５３（野村克也）『週刊 B-ing』２００４年９月８日号、リクルート
０５４（谷尻　誠）「現代の肖像」『ＡＥＲＡ』２０２１年６月14日号、朝日新聞出版
０５５（古森重隆）古森重隆『魂の経営』東洋経済新報社、２０１３年
０５６（齋藤　孝）B-ing 編集部編『プロ論。』徳間書店、２００４年
０５７（田原総一朗）『就職ジャーナル』２００８年５・６月号、リクルート
０５８（渡辺　明）『リクナビＮＥＸＴジャーナル』（ウェブサイト）２０１８年３月９日、リクルート
０５９（内藤剛志）『就職ジャーナル』２００８年５・６月号、リクルート
０６０（太田　光）『週刊現代』２０１１年５月28日号、講談社
０６１（石黒　浩）リクナビ NEXT Tech 総研編『我らクレイジー☆エンジニア主義』中経の文庫、２０１０年
０６２（香取慎吾）『リクナビＮＥＸＴジャーナル』（ウェブサイト）２０１９年６月25日、リクルート
０６３（ジェームズ・ダイソン）『セオリー――うらやましい老後　幸せとお金の研究』2011 vol.5、講談社
０６４（宇都宮健児）『Lawyer's MAGAZINE』２００８年７月号、C&Rリーガル・エージェンシー
０６５（柳井　正）B-ing 編集部編『プロ論。』徳間書店、２００４年

第5章●ビジネスで成功する人は何が違うのか

０６６（佐藤可士和）『セオリービジネス―才能がある人の生活習慣』2008 vol.1、講談社

０６７（ハワード・シュルツ）『ゲーテ』２０１２年6月号、幻冬舎

０６８（山海嘉之）リクナビNEXT Tech 総研編『我らクレイジー☆エンジニア主義』中経の文庫、２０１０年

０６９（御立尚資）ＩＳＳコンサルティング編『外資系トップの仕事力Ⅱ』ダイヤモンド社、２００８年

０７０（佐々木大輔）『アスキークラウド』２０１４年5月号、ＫＡＤＯＫＡＷＡ

０７１（松田憲幸）松田憲幸『売れる力』ダイヤモンド社、２０１９年

０７２（糸井重里）『結果を出す人の手帳術』（仕事の教科書VOL.3）、学研プラス、２０１３年

０７３（藤森義明）ＩＳＳコンサルティング編『外資系トップの仕事力』ダイヤモンド社、２００６年

０７４（竹中平蔵）『就職ジャーナル金融ビジネス読本』リクルート、２００４年

０７５（三木谷浩史）B-ing 編集部編『プロ論。』徳間書店、２００４年

０７６（原　昭彦）上阪徹『成城石井はなぜ安くないのに選ばれるのか』あさ出版、２０１４年

０７７（上野金太郎）ＩＳＳコンサルティング編『外資系トップの思考力』ダイヤモンド社、２０１６年

０７８（松本　大）『ゲーテ』２００7年2月号、幻冬舎

０７９（佐野陽光）上阪徹『６００万人の女性に支持される「クックパッド」というビジネス』ＫＡＤＯＫＡＷＡ、２００９年

０８０（宮村浩気）『理念と経営』２０２０年2月号、コスモ教育出版、宮村浩気『任せ切る勇気』エイ出版社、２０１９年

０８１（岩田松雄）『仕事が速い人の時間術』（仕事の教科書VOL.2）、学研プラス、２０１３年

０８２（松岡正剛）『セオリー―会員制サービスの秘密』2010 vol.2、講談社
０８３（孫　正義）『ゲーテ』２０１０年５月号、幻冬舎

第６章●本当の幸せをどうつかむか

０８４（藤原和博）『セオリー―55歳から65歳で始める「ちょっといい仕事」１００』2012 vol.1、講談社、藤原和博『坂の上の坂』ポプラ文庫、２０１２年
０８５（渡辺淳一）『セオリー―人生の大そうじ』2010 vol.6、講談社
０８６（今村久美）上阪徹『「カタリバ」という授業』英治出版、２０１０年
０８７（草彅　剛）『リクナビＮＥＸＴジャーナル』（ウェブサイト）２０１９年４月22日、リクルート
０８８（藤原正彦）『セオリー―幸福な死に方』2010 vol.5、講談社
０８９（水木しげる）『週刊現代』２０１０年５月22日号、講談社
０９０（中井貴一）『週刊現代』２０１０年６月５日号、講談社
０９１（渋澤　健）『就職ジャーナル金融ビジネス読本』リクルート、２０１６年
０９２（曽野綾子）『週刊現代』２０１１年11月12日号、講談社
０９３（松井守男）松井守男『夕日が青く見えた日』フローラル出版、２０２１年
０９４（舘ひろし）『週刊現代』２０１３年４月６日号、講談社
０９５（堤清二＋辻井喬）『セオリー―名家・名門の秘密』2009 vol.5、講談社
０９６（古賀稔彦）B-ing編集部編『プロ論。２』徳間書店、２００５年
０９７（笑福亭鶴瓶）B-ing編集部編『プロ論。』徳間書店、２００４年

０９８（山﨑拓巳）山﨑拓巳『拓巳流　人生の掟』ヒカルランド、２０１４年
０９９（養老孟司）B-ing編集部編『プロ論。』徳間書店、２００４年
１００（野田一夫）一緒に食事した際に聞かせていただいたお話

【著者紹介】

上阪　徹（うえさか　とおる）

ブックライター。経営、金融、ベンチャー、就職などをテーマに、雑誌や書籍、Webメディアなどで幅広くインタビューや執筆を手がける。1966年、兵庫県生まれ。早稲田大学商学部卒業。ワールド、リクルート・グループなどを経て、1994年、フリーランスとして独立。これまでの取材人数は3000人を超える。2014年より「上阪徹のブックライター塾」を開講している。他の著者の本を取材して書き上げるブックライター作品は100冊以上。累計40万部のベストセラーとなった『プロ論。』（徳間書店）シリーズ、『外資系トップの仕事力』（ダイヤモンド社）シリーズなど、インタビュー集も多数。著書は、『幸せになる技術』（きずな出版）、『文章の問題地図』（技術評論社）、『人の倍稼ぐフリーランス46の心得』（草思社）、『職業、挑戦者』（東洋経済新報社）、『成城石井 世界の果てまで、買い付けに。』（自由国民社）、『JALの心づかい』（河出書房新社）など。

1分で心が震えるプロの言葉100

2021年9月9日発行

著　者――上阪　徹
発行者――駒橋憲一
発行所――東洋経済新報社
〒103-8345　東京都中央区日本橋本石町 1-2-1
電話＝東洋経済コールセンター 03(6386)1040
https://toyokeizai.net/

装　丁…………井上新八
D T P…………次葉
印　刷…………東港出版印刷
製　本…………積信堂
編集担当………水野一誠

ISBN 978-4-492-50332-4